知足常樂

傑拉德、李維、華希恩、破風 合著

天空數位圖書出版

目錄

向左走是中田，
向右走是財前

文：傑拉德

　　1993 年 U17 世界盃（又稱世少盃），藍武士日本以東道主身份參賽，小組賽與最後亞軍迦納同組，次名晉級後被最終冠軍奈及利亞淘汰。當時，穿起 10 號球衣的是財前宣之，穿起 11 號球衣的是中田英壽，二人向左走、向右走，走出截然不同的人生路。

　　台灣讀者未必認識他，1976 年出生的財前宣之來自足球世家，大哥財前惠一是當時高校超人氣球員，單天保至尊，帶領北海道室蘭大谷殺入四強，還沒有畢業便破例簽下日職合約，可惜經常受傷，發展不太如意，退役後執教過日乙的札幌北海道岡薩多。弟弟宣之在 1992 年初試啼聲，代表日本出戰亞洲 U16 資格賽，雖然未能爆冷擊敗中國（當時中國比日本強），以 1:3 見負，但攻入唯一進球的就是他。

　　系出名門的財前宣之，天賦比起哥哥更厲害，自小已加入日職川崎讀賣（今東京綠茵）的青年軍，那三場世少盃小組賽均被評為比賽最佳球員，亦入選了賽事的最佳陣容。如果活在今日的資訊爆炸年代，或許小新星的早已紅遍全球，炙手可熱，被歐洲豪門豪擲天價瘋搶，後來成為「日本國寶」的中田英壽就謂：「在我眼中，沒有任何人的技術比他更全面，沒有之一，只有唯一。」

　　1995 年，財前宣之升上一隊，還未上陣，已被當時的義甲七雄拉齊奧相中，並前往義大利試訓（當然要感謝三蒲知良打

開康莊大道）。媒體報道，這位日本小神童憑得天獨厚的天賦，征服了隊內的對抗賽，面對一代鐵衛 Alessandro Nesta 依然不落下風（兩人直至 2002 年世界盃再次相聚），也在青年聯賽進球，成為全年唯一進球的亞洲小球員。

然而，財前宣之為了盡快比賽，決定離開義大利，租借到西班牙的 CD Logrones，天意弄人，正當他準備踏出職業生涯第一步，膝蓋十字韌帶就告嚴重撕裂，足足倦勤一年之久，結果西甲首秀也美夢幻滅。傷追人，受傷永遠是球員最大的敵人，他被迫回到川崎，霉運還不肯離開，韌帶再一次撕裂，此時也被開除了。

財前宣之沒能成名，加上受傷，炒掉他，根本沒多少人理會。最終，日乙的仙台收留了他，希望一起衝上日職聯。開玩笑嗎？他在 1999 年上陣第六場比賽，再一次、冉一次，再一次，十字韌帶再一次撕裂！當時只有 23 歲的他居然已經進行了三次手術，錦繡前程基本上已無希望，多年青春的付出也變得徒然。

人間有愛，仙台球員和高職到了醫院，把一件 10 號球衣作為禮物送給他，留下一句：「等著你回來。」財前宣之似乎真的被打動了，經過漫長的等待，先是回復了恢復性訓練，再到有球訓練，然後再到正式訓練，整個時間耗時年半，少一點

鬥志也會中途放棄。一年後，他差不多踢滿了整個賽季，表現出色，更在最後一輪攻進絕殺，為球隊升級立下汗馬功勞。

因為對抗性不足，加上體能問題，球隊升上日職後，財前宣之逐漸失去正選，2005 年被送走，前往東北部的山形山神，重新奪回主力位置，更是中場指揮官的姿態帶領球隊升上頂級聯賽。球員生涯的黃昏階段，他到了泰國的蒙通聯，打了兩年比賽，2011 年掛靴時已 35 歲，居然比起當年的隊友中田英壽多踢六年。奈何六年寒暑，別人不知道而已，甚至不知道他這個人。

天涯何處不相逢，財前和中田相隔二十載後在媒體安排下聚首話當年，憶趣事，不同的是，全世界都認識中田英壽，帥哥、國寶、前義甲中場、踢過世界盃、模特兒、商人，香車美女，要甚麼有甚麼；財前為了生活不得不繼續工作，重返仙台出任 U12 教練，去年開辦訓練班培育足球小將接班，期待新世代完成自己未了的願望。誰說成功不是運氣？

一個不死的紅魔繼續奮鬥

文：傑拉德

　　他曾經長期「滯留」在洗手間；他曾經連帶小孩去公園也有心無力；他曾經被戲謔為「爵爺乾兒子」。他叫弗萊徹（Darren Fletcher），在范加爾（Louis van Gaal）麾下，為數不多的爵爺王朝舊臣。

　　弗萊徹受盡結腸炎折磨，體重減了 19 公斤，他的妻子海莉，及一對雙胞胎，「每次想起兒子，我都顯得有點激動、哽咽，很難想像，瘦到 73 公斤時仍然訓練，之後更掉到 62 公斤。」八年前，這位蘇格蘭中場已經確診患上潰瘍性結腸炎，長達三年時間守口如瓶，只有家人、醫生及主帥弗格森知道。直至每天需要走進洗手間三十次，無法出門，不敢帶著孩子去踢球，比賽後直接跑進醫院，弗萊徹知道有需要向大家交代。

　　每 210 個英國人，便有一個人患有類似弗萊徹的徵狀，他說：「我承受了這麼多痛苦，最終回到場上，這種經歷對於其他病患者是一種鼓勵，弗萊徹做得到的，你們也做得到。」這位紅魔中場第一次發病後，很快「康復」，殊不知那是他太天真、太傻，那是慢性疾病，「弗格森給我機會，相信我，他又關心別人，我生病的時候，他做了許多事來保護我和家人。給我假期，告訴我不用擔心合約，暫時忘掉足球。」

　　弗萊徹承認沒有爵爺，也沒有今日的他，師徒二人今日仍然保持聯絡，「有時候他會和內子聊天，因為他明白內子所承擔的，可能比我更多。」副作用開始困擾他，體型消瘦，臉部

腫脹，還會有嚴重的頭痛。有一天早晨，弗萊徹本想一如以往地去訓練，醒來後卻動彈不得，真的嚇人，他謂：「訓練有助我釋放壓力，不知道為什麼，在球場上我感覺不到病痛，24小時當中只有兩小時讓我短暫解脫。」

患病時，弗萊徹無法去餐廳吃飯，因為一頓飯可能需要去五次洗手間，人們可能想入非非，「婚後不久我便患病，總覺得虧欠我太太，但她從不抱怨，她是很堅強的女人。」2011年12月歐冠聯，紅魔對陣巴塞爾的比賽過後，他決定告訴隊友，紙包不住火，「我先跟比較親密的戰友說，我們一起吃飯，我知道魯尼和斐迪南不會把秘密告訴其他人，他們為我感到難過，亦很理解我。」

類固醇也失效了，弗萊徹迫不得已接受手術，「醫生告訴我不能永遠用藥物，副作用可以毀掉我的器官，我的腸子不斷惡化，去年1月醫生摘除我的大腸，與局部性腸炎不同，局部性腸炎影響大腸和小腸，對於潰瘍性腸炎而言，切除大腸是可以治癒的方法，我的確感到害怕。」2013年8月，蘇格蘭戰士接受最後一次手術，10月歸隊，首先返回預備組，兩個月再次為一線隊上陣。

去年拆禮物日，弗萊徹對陣赫爾城時登場，事隔390日後，再次亮相英超，成為曼聯效力最久的現役球員。年僅15歲的他離開蘇格蘭，曼聯帶給他一切，「目前我已回復正常生活，

再次和妻子外出吃飯，帶小孩去公園踢球。」不少球迷喜歡揶揄他沒有用，事實證明他不是，他做得到的，你們未必做得到。

（寫於 2015 年初）

一將功成萬骨枯

文：傑拉德

歐洲國家盃資格賽 E 組，英格蘭隊長 Wayne Rooney 功德圓滿，寫下最年輕「百夫長」里程碑，命中十二碼追成 1:1 平手，加上前曼聯隊友 Danny Welbeck 梅開二度，逆轉斯洛維尼亞 3:1，保持四戰全勝，領導小組。

假如，三獅隊長不食言，真的願意在國際賽打到退役，國家隊的上陣紀錄和進球紀錄，肯定寫上的 Wayne Rooney 的大名，名垂後世。2003 年，Rooney 首次代表英格蘭成年隊上陣，距今十一年，不經不覺由當年的懵懂少年，成為今日脾氣有所收斂的大將軍，也許其成就一輩子無法與 Messi 和 CR7 相提並論，但卻是橫跨兩個世代的英格蘭代表人物。

一個隊長的誕生，一將功成萬骨枯，別以為在歐洲做球員必可飛黃騰達，身家千萬，人人像 Rooney 一樣賺取周薪 30 萬鎊的豐厚工錢。回首 2002 年 17 歲以下歐洲國家盃，英格蘭首次打入決賽圈，最終在季軍戰以 4:1 打敗西班牙，令人匪夷所思，更神奇的是，比賽上大演帽子戲法的正是 Rooney 小子。當年的隊友，有些早已離開足壇，即使留下來的，大都像「無名氏」般繼續比賽。

Rooney 隊友之一 James Biggins，司職後衛，決賽圈後詩興大發，執筆寫了一首名為 When Saturday Comes Alongside Wayne Rooney 的詩，放到網上，合共吸引了 30 人次瀏覽。結果，他的職業生涯一如他所作的詩一樣，無人關注，曾經效力

江河日下的諾丁漢森林，後來做過會計，今日已到澳洲成為「客戶服務員（Customer Service）」，與足球不拖不欠。

Gary Borrowdale 生涯初期，一帆風順，年僅 21 歲為水晶宮上陣逾百場，甚至榮膺年度最佳新人，前途無可限量，豈料，此子離隊後一落千丈，去年夏天淪落到業餘聯賽，目前經營私人生意；前「喜鵲」紐卡索聯的 Ross Gardner，八年前被諾丁漢森林投閒置散，不久離開職業球壇，兩年前甚至不再為業餘球隊披甲，目前成為英國瓦斯公司的職員，負責安裝瓦斯。

伊普斯維奇出身的 Chris Hogg，曾經是蘇超球隊希百尼安的隊長，目前重返母會執教青年軍；前熱刺球員 Nicky Eyre，今年 10 月毅然掛靴，改為售賣門將手套的生意，不再對足球抱有幻想；2009 年因參與賭球而罰禁賽十個月的 David Mannix，早年因嚴重膝傷，變得意志消沉，目前仍未放棄足球夢，一邊擔任兼職教練，一邊參與業餘比賽，更可在今年英格蘭足總盃第一圈披甲。

前布萊克本流浪門將 Steven Drench，獲得過 2006-07 年球季 Morecambe 最佳球員，帶領球隊殺進職業聯賽，可惜發展未如理想，目前又回到布萊克本出任青年軍的門將教練。其他隊友留在職業聯賽，像 David Raven 及 Lee Croft 要到蘇超效力，而 Mat Sadler 則在英冠聯賽，當年與 Rooney 同期在埃弗頓畢業的 Scott Brown，目前亦只能在業餘比賽過日子。

　　英格蘭快馬 Wayne Routledge，英超迷應該仍有點印象，因為他在水晶宮成名後，輾轉效力過十隊不同球隊，目前效力英超的斯旺西。當年英格蘭對西班牙射進四球，另外一個進球就是來自 Routledge，總算在「天鵝」重拾第二春。

　　Rooney 隊友的成長故事，其實就像發生在我們每一個人身邊，每年的同學周年聚會，總會撞上許多不願碰見的成功人士，例如筆者的同學之中，中間分界的豬頭甲今日成為律師，馬仔榮今天做了電腦專家，帥哥軒經營的生意一本萬利，細心強就娶富婆了……再俯首看看自己的腳，媒體人在華人社會永遠是一個「偽專業的職業」，乍看似乎「地位崇高」，實際上卻是收入不高、被同行壓榨、甚至乎許多同行被網民說「騙稿費」什麼的。其實，說的人可能不知道，所謂的「稿費」可能連買一個漢堡也不夠。

（寫於 2014 年末）

你不知道的英超交易操盤手

文：傑拉德

　　球迷評論球員轉會時，總是對總教練評頭品足，或過於誇讚，或過於貶低，往往誤以為轉會買賣是一個人說了算。其實，一名球員的來與去，有時牽涉眾多我們意想不到的因素，敲定交易需要過五關斬六將，今日就為讀者拆解誰是英超操盤手：

　　上賽季冠軍切爾西領隊穆里尼奧，雖然擁有較大的權力，但並沒有像弗格森和溫格的絕對話語權，每個轉會窗都要同技術主管埃梅納洛（Michael Emenalo）商量球員的去向。兩人根據球隊所需，鎖定潛在目標人物後，再把一份完整的名單呈交高層，多年來，俄羅斯油王阿布拉莫維奇手執最終權杖，像當年欽點簽下烏克蘭前鋒舍甫琴科。

　　話雖如此，阿布甚少推翻主帥的買人決定，而負責交換資訊的中間人是油王的給力女愛將格蘭諾夫斯凱亞（Marina Granovskaia）來完成。格蘭諾夫斯凱亞於 2010 年加入球隊後，影響力越來越大，近兩年來差不多包辦所有轉會談判、高層調動和球員續約。她是一名擁有加拿大國籍的俄羅斯人，深得阿布器重，目前擔任高級顧問，平日我們能夠在簽約儀式上見到其身影。

　　上賽季亞軍曼城富可敵國，易主後採取歐陸管理模式，歷任主帥的話語權不大，智利工程師佩萊格里尼不愛爭權，往往只能「守株待兔」。由於藍月亮打算複製巴薩的成功方程式，於是從諾坎普挖了兩位高層貝基里斯坦（Txiki Begiristain）和

索里亞諾（Ferran Soriano）過檔，分別擔任體育總監和首席執行官。貝基里斯坦基本上主宰了球員的買賣，亦是實際的執行者，幸而擔任過皇馬主帥的佩帥掌舵至今，總算與兩位前巴薩高層相處融洽。

上賽季季軍兵工廠至今仍然採用傳統英式轉會管理，亦即由領隊說了算，溫格就是王。教授在轉會市場的權威，可說是耗用 19 年青春一點一滴贏回來，其經營有道的財政狀況使管理層安心下放權力。多年來，「教授」總是賺多虧少，令老闆充滿信心，甚至買了一間足球數據分析公司 StatDNA，讓法國人除了相信旗下的球探團隊之外，也有多一種選擇，而負責轉會談判的則是迪克勞（Dick Law）。

上賽季，德高望重的荷蘭名帥范加爾空降曼聯，執行副主席伍德沃德（Ed Woodward）同意下放轉會權力，可憐前帥莫耶斯初到貴境，沒此福氣。被譽為「戰術大師」的范加爾並不甘於坐在辦公室內，等待同事匯報談判進展，夏天就直接介入荷蘭同胞德佩的交易，從而打敗利物浦和巴黎聖日爾曼，得到心儀目標。

上賽季第五的熱刺多年來搖擺不定，主席列維試過聘請體育總監，亦試過任由領隊掌權，間接影響了買人決定的素質。球隊目前由南安普頓找來米契爾（Paul Mitchell）出任「買人部」的主管，使體育總監巴爾迪尼（Franco Baldini）的角色面目模

糊，因總教練波切蒂諾曾與米契爾合作，已存默契，至今總算
運作暢順。

利物浦方面，他們的轉會決定是來自「買人委員會」
（transfer committee），屬於集體決定，委員會成員包括總教練
羅傑斯、首席球探亨特（Barry Hunter）、資料分析主管愛德華
茲（Michael Edwards）等六人，而芬威體育集團總裁戈登（Mike
Gordon）則代表老闆「監控」轉會的一舉一動，並會向上匯報。
由於篇幅所限，今次只能介紹 Big 6 的盤操手。

（寫於 2015 年中）

好球員，好球品，好人品

文：傑拉德

　　孟子云：「惻隱之心，人皆有之。」今日的球星腰纏萬貫，住豪宅開跑車，自己有多少身家也未必知道，但不是每個人都會發財立品，所以，才德兼備的好球員更加難能可貴。如果足壇每年頒發的慈善大獎，以下的球員都有力成為候選人。

　　本賽季，表現備受讚揚的英格蘭國家隊替補門將巴特蘭德（Butland），聖誕節前夕自掏腰包，拿出 5,000 英鎊捐予英國聾人女子足球隊。這支女子隊透過眾籌網站集資，希望積累到 10,000 英鎊經費，藉此出戰今年 6 月的聾人世界盃。球隊獲悉巴特蘭德慷慨解囊之後，官方 Twitter 特別作出公開致謝，並並宣佈距離目標只剩下 1,890 英鎊，達標可期。

　　雖然 5,000 英鎊在英超球員來說，實在何足掛齒，但巴特蘭德捐款予女子聾人隊時根本沒想過得到傳媒報道，更沒要求對手公開其名字，可見做善事的人，總是低調行事。而且，22 歲的他同時是英國反種族歧視組織 Kick It Out 的親善大使，不遺餘力游走各地宣揚反種族歧視，可見本來就是抱住施恩莫望報的心態。

　　有別於巴特蘭德，埃弗頓拼命三郎奈史密斯（Naismith）則屬出心出力的善長仁翁。這位 29 歲蘇格蘭國腳於 2012 年離開格拉斯哥流浪者後，仍然心繫家鄉，去年聖誕節與當地機構合作，為無家者送上一頓免費聖誕大餐，造福弱勢社區，總算為他人送上一點點窩心的暖意，而參與者也可獲得衣服和乾糧，

安樂過冬。每一年，他都會捐款予利物浦市的無家者中心和格拉斯哥的殘疾人機構，毫不吝嗇。

　　奈史密斯球場上異常火爆，但球場外平易近人，球迷對他寵愛有加，前一個賽季開始，他決定在每一場英超主場比賽時，自購四張門票送給失業漢，全季合共 76 張門票，本賽季再接再厲，令人動容，並早已超出金錢為人帶來的快樂，他說：「英超門票昂貴，對沒有工作的球迷來說，實是奢侈的娛樂，我希望他們在人生不如意時，能在球場內度過美好的時光。」

　　34 歲「獵豹」艾托奧（Eto'o）轉會超過 10 次，效力過巴薩、國米和切爾西等勁旅，曾到俄超賺大錢，當打時期常常陷入轉會傳聞，早已被人視為見錢開眼的球星。然而，大家可能忘了，這位喀麥隆前鋒曾在 2010 年缺席了國米的義甲，請假遠赴肯亞出席聯合國的環保活動，藉此喚醒非洲下一代對保護環境的意識。

　　目前，肆虐非洲的恐怖組織博科聖地（兇殘程度可媲美伊斯蘭國），雖然根據地是奈及利亞，但艾托奧今年仍決意伸出援手，用 7.5 萬美元協助受害者及其家屬，並炮轟歐美領袖近年袖手旁觀：「主流媒體漠不關心，如果我們都不發聲，就沒有人支援他們，博科聖地的惡行與巴黎恐襲沒分別。」

　　非洲問題特別多，非洲球星將心彼心，身在美職聯蒙特婁衝擊的德羅巴（Drogba）就是著名例子。出於斯長於斯，「魔

獸」生在象牙海岸最貧窮的地區，五歲隨叔叔移居法國，由右後衛踢到前鋒，成名後為善不甘後人，最早的善慈公開表演可追溯到 2006 年世界盃前，與法國饒舌歌手合演一首單曲，公開發售的收入均作善款。

2007 年，德羅巴獲聯合國委任為滅貧大使，每年出訪不同國家探訪，直至 2010 年被《時代週刊》選為「100 位最具影響力人物」，早已超越了足球領域。「魔獸」內心柔情似水，旗下基金會多年來致力協助祖國改善醫療和教育設備，2011 年冬季的倫敦慈善晚宴上，又為祖家的醫院募集 30 萬英鎊，加上之後的努力合共集資 100 萬英鎊款項。

最後一位要介紹的內維爾（Gary Neville），已經掛靴五年，目前執教蝙蝠軍團瓦倫西亞。貴為前曼聯隊長，大內維爾果然當仁不讓，年前跟前隊友買下了舊曼徹斯特股票交易所，銳意改造成擁有地下健身房、SPA 房、獨立陽台的飯店，就在飯店進行外牆維修之時，特別招待了一班特別來賓，他們是「曼徹斯特天使」組織的無家者。

據知，33 歲的組織領導者霍爾與內維爾通電話後，激動得流下了男兒淚，並透過這個暫時性住所，作為分發衣物給其他無家者的地方。「這兒會提供熱食、健康檢查、研討會，並協助他們尋找永久居所，我們會輪流做飯、清潔和把守門口，每個人都有自己的房間，都可以鎖上自己的臥室門。」霍爾說。

雖然「曼徹斯特天使」最初是非法占領，但大內維爾打開方便之門，一起渡過最艱難的冬天，唯一的條件只是讓裝修工人自由出入，證明做善心本來就不分形式和金錢多寡，最重要是你有沒有惻隱之心。

（寫於 2016 年初）

歷史不斷重演？
森林與狐狸的平行時空

文：傑拉德

現在我們常說的平行時空，源於多重宇宙（multiverse）的說法，即宇宙之外還有其他宇宙，在同一件事情上面，「我們」在其他宇宙會作出不同的決定，因而改變了事情的後續發展。這只是一個美國哲學家的假設，你相信嗎？如果世界上真的存在平行時空，萊切斯特城的另一個名字，恐怕就叫做「諾丁漢森林」。

萊切斯特城足球隊位處於萊切斯特郡，毗連著森林，諾丁漢森林位處林肯郡的首府，正正連接著萊切斯特郡。因兩隊同處一大區，萊切斯特郡的中產球迷大都喜歡森林，而非「藍狐」，這樣的背景注定兩隊難以共存亡。

差不多 40 年前，背負著旁人的冷笑與嘲笑，森林由路人甲變成聯賽盟主，勇奪 1978 年冠軍，也是唯一一次聯賽冠軍。話說 1975 年 1 月，經典名帥 Brian Clough 接掌森林隊的教鞭，一年多後，助手 Peter Taylor 也被邀請入閣，終在 1977 年回到頂級聯賽，展開升級旅程。

森林隊要在當時得令的紅軍利物浦以外，活出另一種紅色，絕不簡單，但作客艾佛頓勝 3:1 之後，前利物浦總教練 Bill Shankly 到訪更衣室，留下名誦一時的金句：「你們有力去爭冠軍。」當時，沒太多人在意這句話，但球隊開局成績優異，一路高歌，到 9 月作客負兵工廠 0:3，才是球隊首敗。巧合地，萊城的賽季首敗又是兵工廠，差距又是 3 球，比分是 2:5。拉

涅利（Ranieri）賽後表示：「不敵阿森納、曼聯、切爾西等球隊，並非無法想像，我們輸了，但精神不能輸。」

當年的 Clough 在首敗之後，即時進行重新部署，簽下兩名重要新援，一位是 27 歲英格蘭門神 Peter Shilton，轉會費 2.5 萬鎊打破當時紀錄，那賽季他當選了英格蘭球員先生，亦是至今唯一一位獲獎的門將。球隊的防線大幅改善，他的表現一夫當關，上陣 37 場，僅失 18 球。

Clough 得到了 Shilton，把過分喜歡出迎的門將 John Middleton 送走，由德比郡引入蘇格蘭中場 Archie Gemmill。Gemmill 是德比郡兩奪聯賽的核心，亦是球隊隊長，技術了得，使中場線昇華到另一層次，隊友信心大增。兩名新援是森林隊六名上陣超過 30 場的主力，合共有八名球員上陣 70%以上，這一點與本賽季的狐狸何其相似。當現代足球常常強調輪換，萊城卻沒這個打算，拉涅利手下共有八人上陣率達七成或以上。

與萊城防線中路的胡特（Robert Huth）和摩根（Wes Morgan）一樣，當時的森林隊也有兩名堅硬無比的中衛 Kenny Burns 和 Larry Lloyd，風格和打法相似，解圍絕不拖拖拉拉，乾脆果斷，使整個賽季的 42 場聯賽，多達 26 次零封，滴水不漏。

自從以一球不敵里茲聯之後，森林隊的大樹正式紮根，展開長達 42 場破紀錄不敗之旅，一直延續到之後的賽季，就像本賽季的萊城，贏了一場又一場，贏了一場又一場，與輿論的

預期背道而馳。2 月分，藍狐在伊蒂哈德球場以 3:1 技術性擊們曼城，證明全世界的看法是錯誤的，而當年的森林隊則以 4:0 打敗了曼聯，向衛冕的利物浦宣戰。

當森林隊以 0:0 悶和考文垂後，提前四輪贏得英甲冠軍，為大團圓結局劃上句號。那一年，萊切斯特城的成績不堪入目，僅贏五場，墊底降級，世事何其諷刺。據說《美國隊長 3：英雄內戰》的末段「彩蛋」，初出茅廬的蜘蛛人拿起鋼鐵人的高科技產品，投影出屬於自己的未來藍圖。毫無疑問，超級英雄系列的電影相信平行時間，我們也快樂地浸淫在英雄的平行時空，宿醉不醒。

（寫於 2016 年初）

粉絲起義，如何應對

文：傑拉德

足球迷不是單純的消費者，而是投入了青春、感情和時間的熱血粉絲，如果球隊的老闆們只懂「看數字」，遲早會出亂子。繼利物浦的支持者發動「77分鐘離場之後」，多特蒙德的支持者亦施以「網球攻勢」，群起反對票價盲目飆升，漠視民情。

利物浦主場對桑德蘭的英超聯賽，有球迷會發起抗議活動，呼籲球迷在比賽戰至 77 分鐘時集體離場，以示不滿下賽季的最貴單場球票升至 77 英鎊。球迷會發言人聲稱，約萬名觀眾參與活動，英國媒體則指有 7,000 多觀眾離席，結果，紅軍在大批球迷離開後，喪失領先 2:0 的優勢，變成 2:2，3 分變 1 分。

儘管紅軍公佈的下賽季票價，聲稱六成門票的價格凍結或減價，但是最貴的單場門票達到 77 英鎊（約 3,670 元新台幣），季票價格更衝破 1,000 英鎊大關，達到 1,029 英鎊，惹起大批球迷怒髮衝冠。球隊提高票價的理由是，為了擴建主看台，至今已花費一億英鎊，當新看台的投入啟用時，安菲爾德球場的座位可大幅增加 8,500 個，但球迷認為價格早已遠離現實，加上巨額轉播合同，管理層並沒充分理由加價。

巧合地，多特蒙德在德國盃八強作客斯圖加特，支持者又因不滿客場票價而發起抗議。首先，球迷呼籲進場後頭 20 分鐘站立看球，讓球場出現一排排的空座位；其次，他們在比賽開始後，向球場內狂擲網球，形成一陣「網球大雨」，最終比

賽需要暫停清理網球，包括蜜蜂軍團的球員在內，也要到場邊幫忙收拾。

德國看球向來便宜，大部分球場的門票比及不上英、西、義，而大約 6,000 名多特隨隊作客的球迷，因不滿最便宜的 38.5 歐元和最貴的 70 歐元（約 55 英鎊），與英超相比是小巫見大巫，但同樣心有不甘。為何使用網球而非籃球、棒球、乒乓球呢？發言人事後解釋：「德國人有句諺語，若用英文的意思是 that is great tennis，諷刺斯圖加特的門票飆升，只有網球迷才會進場。」

歐洲足球隊的門票一般會分為幾個級別，雖然那場比賽屬於德國盃，但斯圖加特把賽事定性為「一級比賽」，因此也收取一級門票價錢，並重申球隊自從 2012-13 年賽季以來，從來沒有就各場比賽的「一級比賽」加價。多特球迷的「粉絲起義」會否見效，看來要到下次交鋒才能知曉，但紅軍支持者就在不足五日後收到喜訊——管理層同意凍結下賽季的門票價格。

利物浦管理層發表聲明向球迷道歉，承諾未來兩個賽季的普通比賽球票維持不變，甚至下調部分季票的價格，平息眾怒，總算是從善如流。紅軍下賽季的門票概況如下：普通比賽票價不變，仍是 59 英鎊；最高季票價格不變，仍是 869 英鎊；最低季票價格減少 25 英鎊，變為 660 英鎊；提供逾 10,000 張特

惠票，僅 9 英鎊；17 至 21 歲年輕人優惠票逾 20,000 張，一律打五折；向英國當地學生提供 1,000 張免費球票。

票價瘋狂飆升，自然要群起反對，但事件令我們反思是，這股起義風潮會否席捲全歐洲？試問誰願意多付鈔票，日後老闆們考慮加價時，會否受到更大的阻力呢？不管球隊加價與否，將來每有甚麼新政策，也應該多與球迷溝通，而非一意孤行，相信有助減低雙方面的磨擦，也能避免引發更多抗爭和抗議的事件。

（寫於 2016 年初）

MLS——由歷史說起

文：傑拉德

每一項運動到了美國人的手中，都會變得與眾不同，包括英式足球，美國足球職業聯賽（MLS）於 2015 年的 3 月打響鐵鼓，球迷來或溫故知新一下：

1988 年，美國為了迎接 1994 年世界盃，決定成立全新的職業足球聯賽，最終在 1996 年誕生。當時只有 10 隊參賽，最後由華盛頓 DC 聯隊成為冠軍。兩年後，MLS 迎來兩支生力軍芝加哥火焰和邁阿密的融合，而在一年後，哥倫布機員的新主場啟用，成就美國足球史上第一座足球專用球場，而非綜合性球場。

2002 年，MLS 遇上第一個經濟危機，前五年錄得 2.5 億美元虧損，面臨倒閉危機，聯盟為了減少開支，決定放棄兩支經營不善的球隊，那就是邁阿密融合及坦帕灣反抗隊。事過境遷，美國起瓦士和皇家鹽湖城於 2005 年加入，一年後再有聖荷塞地震遷至休士頓，改名為休士頓發電機。

2007 年，萬人迷貝克漢空降洛杉磯銀河，把美國足壇帶上第一個高峰，同年，多倫多 FC 成為第一支 MLS 的加拿大球隊，帶動整個北美洲的足球發展。2009 年，西雅圖海灣者進入大聯盟，那兒迎來大批狂熱粉絲，隨後見到費城聯、波特蘭伐木者及溫哥華白浪，生氣勃勃，活力迫人。

2013 年，MLS 迎來史上最星光熠熠的賽季，丹普西由英超回來，另有前羅馬中場布蘭得利、阿爾蒂多雷、新英格蘭革命的瓊斯、休士頓發電機的比斯利等，而今年加入的紐約城隊事先張揚，羅致西班牙前鋒比利亞及英格蘭中場蘭帕德，配合奧蘭多城的巴西球星卡卡，毫無疑問使整個聯盟再上一層階梯。

MLS 由每年 3 月到 10 月，常規賽進行 34 輪，與美國四大運動一樣分為東西部兩個賽區，在不同賽區的球隊只會互相交手一次，而同一賽區的球隊則要對陣兩至三次。與歐洲聯賽不同，MLS 一直採用季後賽賽制，東、西賽區的前六名晉級季後賽，進行同區廝殺，常規賽首兩位首輪輪空，就會直入第二輪。

首輪選擇用單場淘汰賽，負方直接歸家，兩隊勝方就要分別挑戰頭號種子和二號種子；到了第二輪，雙方採取主、客制兩回合，勝方進入分區決賽，同樣進行主、客制。到了總決賽，東、西區冠軍決戰，一場決定勝負。自從 1996 年至今，MLS已經誕生九支不同總冠軍，基本上球隊難以壟斷聯賽，華盛頓聯隊曾是 2013 年賽季墊底，一年後卻成為東區一哥。

美國人總算與眾不同，MLS 不設升降制度，原因是「懲罰」弱勢的球隊，對整個聯盟沒有益處，老闆隨時意興闌珊，不再投入，因此，成績差的球隊有權在「選秀會」抽籤中抽到較好的新人。MLS 與世界轉會市場處於「半接軌」狀態，球隊主要

依靠聯盟內的交易，例如使用選秀簽、現金、外援名額以至球員換球員等方式，進行陣容強化。

除此之外，MLS 早已設定工資帽制度，避免財雄勢大的球隊瘋狂收購好球員，也避免出現財政危機，聯盟的工資帽規定了工資總上限，希望各隊把薪水開支維持在合理水平。然而，為了增加聯賽的吸引力，決定通過「貝克漢規則」，讓各隊最多擁有三名「特例球員」，每人的合均年薪可以超過 35 萬美元，藉此吸引大牌球星加盟，另設有最低工資和青年球員特例等，利用行政手段平衡各方利益。

（寫於 2015 年初）

慕尼黑藍獅一睡不起

文：傑拉德

德國城市慕尼黑，有兩支著名足球隊，曾幾何時，德比大戰，各不相讓。今時不同往日，拜仁慕尼黑已是大到不能倒的巨無霸，幾乎壟斷國內足壇；慕尼黑 1860 從 2004 年從德甲降級，從此翻身無期！

德乙保級附加賽，慕尼黑 1860 失去還擊之力，兩回合以 1:3 不敵雷根斯堡，相隔 24 年後再次跌回德丙，引爆球迷怒火。球隊不敢向球迷告別，比賽完成便飛奔進更衣室，有人向球場丟啤酒杯、鋼管、打火機甚至座椅，更甚的是，並向球隊大吼「你們不再是獅子！」（慕尼黑 1860 的外號叫藍獅）

隨著一線隊降級，慕尼黑 1860 同時連累其他青年軍梯隊，賽季末出現「五隊齊降」的罕見奇景。因德國足協規定，一線隊和二隊必須相隔兩級別聯賽，1860 遭遇滑鐵盧，意味著 U21 梯隊被強制降到第五級聯賽。哪怕 U21 本賽季在第四級別的巴伐利亞地區聯賽，排名僅次拜仁二隊，獲得亞軍，嗚呼哀哉！同時，慕尼黑 1860 的 U19 和 U17 在各自青年聯賽降級，U17 的降級，同時導致排名第冊位的 U16，也被強迫降級；慘、慘、慘！

慕尼黑 1860 是 1966 年頂級聯賽冠軍，也是德甲創始會員之一，本賽季聯賽輸了 18 場之多，狀態長期低迷。其實，球隊盡了最大努力，找來利物浦 CEO 的 Ian Ayre 空降兩個月救亡，可惜功虧一簣。球隊身在德乙聯賽，陣容相對不算差，擁有曾

效拜仁的 37 歲「勤力先生」Ivica Olić。這位前克羅埃西亞國腳依舊努力，出場冠絕全隊，也是二號射手，但是只進五球，難怪前場火力不濟。

其實，慕尼黑 1860 是德國青訓勢力的中堅分子，2011 年至 2016 年總共三次獲得 U19 聯賽亞軍，2006 年奪得 U17 全國冠軍，2007 年拿下 U19 盃賽冠軍，近年出產的球星包括 Kevin Volland、Bender 兄弟、Fabian Johnson、多特蒙德後腰 Julius Weigl、漢堡射手 Bobby Wood、奧地利國腳 Julian Baumgartlinger 等。

毫無疑問，「五隊齊降」是德國足壇的損失，主席 Peter Cassalette 和 Ian Ayre 引咎辭職，約旦富豪班主 Ismaik 不滿投訴：「我希望加大投入，但沒能得到支持，況且我也沒有話語權。」基於 50+1 規則，他是大股東，但只有 49% 投票權，也缺席了附加賽的生死戰。

2006 年，亦即慕尼黑 1860 離開德甲兩年後，墜進財政危機，拜仁決定拿出 1,100 萬歐元，購進共用安聯球場的一半使用權，幸免於難；可惜五年後，球隊再次瀕臨破產，約旦班主入主，60% 股分只有 49% 話語權，有心而無力，管理層一片混亂，也突顯「集體決策」的致命傷──缺乏效率、方向。集體決策，無人負責。

　　六年來，球員走馬看花，更換了 13 名總教練，諷刺地，12 月分炒掉上任五個月的體育總監後，居然找來足球門外漢的美國商人 Anthony Power 取而代之。更可笑的是，Anthony Power 在新聞發布會上，完全顯示對足球的無知，甚至對前體育總監被炒也懵然不知！

　　去年 11 月，慕尼黑 1860 決定向媒體宣戰，全面禁止記者出現在訓練基地，連三間當地媒體也在 1 月自行「退場」，關係決裂。隨後，德國權威雜誌《踢球者》宣布，不再採訪他們的球員，到 3 月分，《圖片報》記者被球員欺凌，也再不再採訪主場比賽。這種「獨裁」時代才會出現的行為，等同自我孤立，更何況當時球隊一直處於弱勢。

　　4 月分，Ian Ayre 突然空降慕尼黑，一度令人充滿憧憬，殊不知一場歡喜一場空，他說：「管理層各自為政，完全缺乏共識，組織混亂不堪。」原來，Ayre 辭職前被欠薪，球員也沒有薪水，庫房早已被淘空，而且降級之後，只有六名球員在合約附帶條款下一起共同進退，其餘球員有自由身離隊的選擇權。

　　6 月 2 日，慕尼黑 1860 仍未繳付德丙註冊費，顯然 Ismaik 已不願再注資。下賽季開始，球隊在轉播費的收入會由 600 萬歐元大跌至 100 萬歐元，最大贊助商 Infront 也打算退出，每年 500 萬歐元的贊助費隨時不翼而飛，到底他們可以如何度過難

關呢？最後，筆者只能寄語一句：「山重水複疑無路，柳暗花明又一村。」

（寫於 2017 年中，三年後的今天，慕尼黑 1860 仍然在德丙）

波蘭足球的「集集鎮」

文：傑拉德

　　南投縣小鎮集集鎮以鐵道觀光聞名,常住人口有 11,000 多人,仍是全縣人口最少的鄉鎮。如果我告訴你,一個人口只有集集鎮 16 分之 1 的波蘭小小鄉村,奮鬥 13 年,一樣可以把足球隊弄得有聲有色,甚至升上頂級聯賽角逐,你們會否笑我在癡人說夢?

　　尼切薩(Nieciecza)位於波蘭南部同名小村,整個小村的人口僅得 700 多人,就算比賽日整條村前往觀看比賽,也沒能填滿 5,000 多個座位。今年 2 月 10 日歇冬期結束前,他們居然可以位列頂級聯賽波甲的第四位,落後榜首僅 6 分,令人嘖嘖稱奇。(最終在例行賽排名第七)

　　這個故事充滿勵志色彩,尼切薩僅用半年時間,閃電重建了一個現代化的主場館,工作效率有如球隊的核心價值,背後要多得白手興家的老闆 Krzysztof Witkowski。Witkowski 依靠建材工廠 Bruk-Bet 起家,工廠的所在地正是尼切薩,所謂發財立品,飲水思源,今天他希望取之社會、用之社會。

　　球隊由 2004 至 2010 年毫無起色,一直在乙級聯賽徘徊,後來在 Witkowski 拉攏之下,得到個別波蘭國內品牌贊助,陣容逐漸壯大起來。2015 年,時任主帥 Piotr Mandrysz 領導有方,取得波乙亞軍,破天荒史上首次升上甲級聯賽。2015-16 年賽季,Czeslaw Michniewicz 掌舵,其實用主義的戰術相對穩健,被稱為「波蘭狂人」,戰績說明球隊選中了真命天子。

男主外、女主內，Witkowski 從不過問管理事宜，皆因一切由太太 Danuta 說了算。作為尼切薩的主席，Danuta 幾乎一手包辦轉會、續約、人事任命等工作，女當家在全球頂級聯賽寥寥無幾，更難得的是獲得教練和球員的尊重。時至今日，女當家依然保持每周與球隊見面一次的習慣，體察民情，用第一身去感受前線員工的苦與樂，避免閉門造車。

事實上，Nieciecza 位處偏遠，與最近的城市車程達 20 公里，並不容易吸引球星加盟，但 Danuta 決心堅定，不打算跟隨波蘭足壇的陋習，既不拖欠或延遲發放薪水，亦在合約上列明雙方權益，絕不拖泥帶水，漸漸得到口碑。去年聖誕節，球隊派出國際職業球探聯盟的前度總經理 Kamil Potrykus，以球探身份前赴英超取經，到了米德斯堡在卡蘭卡身上偷師，學習編制賽前報告，協助總教練更有效洞察對手的戰術。

尼切薩實行現代化管理，同時向在科技上與時並進，不僅添置大量監測設備，拍攝球員在訓練時的各種狀況，更採購了多架無人機（drones），在上空記錄訓練，以便作出分析，也可讓球員了解自己的不足。主帥 Michniewicz 直言：「無人機不會代替球員攻門，但效果立竿見影，現在我們先走一步，也許五年後收成就來了。因此，最近我們也從西班牙購買了分析軟體 LongoMatch，協助教練團提升效率。」

　　有時候，再多的社會契約和法律條文，都不及公民覺醒。尼切薩的鄉村小學陷入財政危機，即將倒閉之際，Witkowski 不問回報，拔刀相助，又在新主場使用全新 5D 相機技術，走在波蘭聯賽的最前，其他球隊也不敢嘲笑他們為鄉巴佬。假如，尼切薩在不久的將來有機會殺進歐洲賽，我們千萬不要倒頭大睡，不妨看看這個波蘭足球的「集集鎮」到底有多厲害。

（寫於 2017 年初）

從英超取消降級看美國足球

文：李維

多年前曾經有外資擁有的英超球隊表示，如果再多四至五支外資球隊，大約有 14 支外資球隊的話，就可以通過動議，英超便可以效法美國運動一樣取消升降制。這樣英超便永遠都不會有球隊降級，他們便永遠可以擁有英超帶來的高收入，不再擔心降級後引起的收入大縮水問題了。

這群外國老闆如此妙想天開，或許完全不明白足球比賽之所以吸引全球目光，並且瘋狂了數十年的原因，筆者相信就算他們能集夠票數，英超的升降級制度是難以取消的。

我們比較熟悉的美國運動是美國職棒（MLB），及美國職籃（NBA），這兩項比賽的參賽隊數同樣是 30 隊，也就是說，每年都是這 30 支球隊在比賽。兩項比賽同樣分例行賽及季後賽，MLB 有八隊、NBA 有 16 隊，最終奪得季後賽的冠軍為總冠軍。與足球比賽都是聯賽互相對戰，最高分數為冠軍者不同。據筆者認識的美國運動專家的朋友稱，這兩項運動有幾項特色是相當有趣的，或許可以跟各位讀者分享一下。

第一，他們有一個很特別的名詞，稱作「萬年爛隊」，意思是每年都幾乎墊底，例如：MLB 有巴爾地摩金鶯、邁亞密馬林魚及西雅圖水手等、而 NBA 則有芝加哥公牛、紐約尼克及克里夫蘭騎士。

　　第二，當有些球隊取得了季後賽資格，便會擺爛，就是往後的例行賽比賽不太認真應付，反正到季後賽再來認真也可以！

　　第三，與第二點剛好相反，得不到季後賽資格的球隊，同樣也會「擺爛」，比賽難以認真，因為還有選秀制度。

　　第四，MLB 特有的，兩隊對戰會連續打三、四場，只更換不同的投手，如果遇上了下雨天，比賽必須延期，這樣便變成當天同一個戲碼會出現兩場比賽，只是投手及參賽的球員不同。

　　以上只是簡單的談到美國這兩項運動的特色，也正好反映了部份沒有升降制的一些問題，及與足球比賽制度的缺點。

　　例如第一點，在大部份的足球比賽中，根本不可能出現「萬年爛隊」這個名詞，因為只要這一年是爛隊便要降級，明年便不見了！

　　至於第二及第三點，以歐洲比賽為例子，大部份球隊都不會出現「擺爛」的情況，或只有最後少數場次才會有這樣的情況。因為榜首球隊要爭冠軍、前列分子要爭歐洲比賽資格，榜下游的球隊要保級，可能只有少數中游球隊，有少量場次才有這情況。

　　最後一點，足球聯賽隊伍之間每個賽季只會對戰兩次，就算比賽需要改期，也不可能同一天會有兩場相同戲碼的比賽。

而且，足球比賽也不會因一般天雨而改期，除非是那種傾盆大雨或雷暴，否則都能順利進行。

簡單來說，這種美國運動的制度是缺乏競爭力，能競爭的就只有那幾支強隊，大家只為總冠軍而戰，其他不可能爭冠軍的球隊，全部都只是「陪跑分子」，而且幾乎每年都是相同情況。

談了那麼久，是時候談談美國的足球了。筆者與大家一樣，平時主要是看主流的歐洲五大聯賽，但筆者也對美國感興趣。美國職業大聯盟（MLS），在 1996 年開始進行第一屆，可惜當年只能夠在一些國外的足球雜誌中獲知一些訊息，最初香港也只有 ESPN 台錄播部分比賽。後來香港 NOW 電視台直播部份場次，以及網絡世界愈來愈方便，便可以看到不少比賽，並能真正的看美職了。

MLS 同樣保留了美國運動的傳統，雖然球隊不斷增加，但基本面貌不變，同樣沒有降級，同樣要爭季後賽。雖然 MLS 只進行了十多年，並沒有像 MLB 及 NBA 等的萬年爛隊，但近年還是有些球隊每年的成績都不好，長期徘徊在榜末位置，如溫哥華白浪和奧蘭多城等。

美國足球其實還有如 USL Pro（United Soccer Leagues Professional Division）、NASL（North American Soccer League）、PDL（USL Premier Development League）等等，但都不是從屬

關係，當中都沒有升班或降班。筆者就這點一向都不明白，為何以美國的幅員，球隊之多，如果都採用升降制，一定是會更加精彩的。

實事求是的瑞士

文：李維

　　提起跟足球有關的國家，大家必定第一時間想起「足球王國」巴西、現代足球發源地英格蘭和德國、義大利、阿根廷和西班牙等贏過世界盃冠軍的國家。相比之下瑞士受關注的程度肯定要少許多，不過其實瑞士是現代足球的首都，因為國際足聯的總部便是位於瑞士的蘇黎世，這真的是何等重要。

　　瑞士這個國家相當特別，雖然位處中歐卻是「中立國」，兩次世界大戰都沒有參與，也沒有遭受戰爭波及，直到現在也不是歐盟成員。當然對於大部分人來說，瑞士帶來的印象只是跟旅遊和產品有關。我們可能只知道瑞士的名貴手錶和軍刀遐邇聞名，旅遊景點則有風光如畫的雪山美景，連華語電影也經常以「瑞士銀行」稱呼富豪存款的銀行。當然球迷也可能知道瑞士是國際足聯的根據地，可是除此之外，瑞士還有什麼厲害之處？

　　在全球經濟都面臨考驗之際，瑞士卻可以「獨善其身」，從 2009-10 年度起連續九年成為 WEF 全球競爭力報告排名第一，雖然近年被美國和新加坡等超越，可是在 2019-20 年仍然排名第五位。在歐洲多國均面對嚴重失業問題的情況下，瑞士的失業率只有約 4.5%，跟歐盟的 7.2% 差很遠，堪稱是全歐洲最好，這都是實事求是的數字，並非依靠泡沫湊出來的數字。

　　除了經濟表現亮眼，令不少人羨慕不已，就是瑞士可以說是全球最「直接民主」的國家。除了可以投票選出領導人，瑞

士差不多平均每年都會舉辦四至六次的公投，次數冠絕全球，所有瑞士國民都可以對國家政策表達真正的「意見」。

不注重學歷

瑞士亦有東西是華人難以理解，就是華人一向重視學歷，瑞士卻重視工匠精神。華人拼命擠進大學，因此大學數量也不斷增加。相反瑞士的大學就讀率卻只有三成，瑞士人注重的是華人最看不起的「學徒」，大部份年輕人唸完中學三年級後都會選擇職業學校，並因此發展出二百多種職業訓練課程及四百多種產業專班，如學習當鐘錶師傅、烘焙師、朱古力生產員，甚至是農夫，當然少不了的是成為職業足球員。瑞士偏偏就是依靠這些「學徒」成就富強的根基。

瑞士人知道自己地少人稀，全國人口只有約 857 萬人（幾乎只有臺灣的三分之一）。瑞士人當然不會去推崇什麼地產主義，而是全國努力在地化生產，苦幹真正能賺錢的實業，讓瑞士品牌風行全球，核心工業如機械、化學製藥、鐘錶、金融等等，超過九成都外銷全球。瑞士也重視人才，對於人才移民均是開放政策，十分歡迎「新移民」。

足球水準穩定

至於在足球方面的發展，瑞士雖然算不上足球強國，但他們一向有穩定的表現，近年是大賽決賽圈的常客，從 2004 年歐洲盃決賽圈起，他們幾乎每屆歐洲盃和世界盃決賽圈都有參賽，2012 年歐洲盃是唯一例外。而且他們也在 1954 年主辦世界盃決賽圈，最佳成績也打進八強賽。

瑞士球員也如他們的工業名牌一樣，有不少人揚名於世，以往的名將就有多特蒙德前鋒 Stephane Chapuisat、拜仁慕尼黑中場指揮官 Ciriaco Sforza、斯圖加特中衛 Hakan Yakin、利物浦中衛 Stephane Henchoz，及後也有不少瑞士球員效力豪門球隊，例如尤文圖斯後衛 Stephan Lichtsteiner、兵工廠中衛 Philippe Senderos、Johan Djourou 和拿坡里中場 Gokhan Inler。目前的國家隊主力當中，大部分也是效力四大聯賽球隊，包括利物浦中場 Xherdan Shaqiri、兵工廠中場 Granit Xhaka、多特蒙德中衛 Manuel Akanji 和門興前鋒 Breel Embolo。

瑞士國家隊人才輩出，也得力於國家政策開放，所以吸引不少來自其他國家的人才，當中不少是以往因為東歐內戰或非洲貧窮問題移居到瑞士落地生根的後代，Shaqiri 和 Xhaka 來自科索沃、前鋒 Haris Seferovic 來自波赫、Embolo 來自喀麥隆、Akanji 是瑞士和奈及利亞的混血兒、左後衛 Ricardo Rodriguez 則是西班牙和智利的混血兒。

　　瑞士人的「實是求是」作風，希望能為華人社會帶來不同的啟示吧。

與海洋共存的荷蘭

文：李維

　　西歐小國荷蘭，只有約 1,700 萬人口，國土不足 4.2 萬平方公里，並且有接近一半土地低於海平面，數百年來一直與怒海鬥爭，卻成為世界足球強國，無論男、女子足球隊也打進世界盃決賽。可是，他們的足球命運，跟國家天生要與海洋角力一般，好像一直被命運所玩弄。

從鬥爭變適應

　　一直以來，與海爭地的荷蘭人一向認為自己能夠駕馭海洋，並以風車將海水引出為榮，並自命為風車之國。荷蘭人一直與上天鬥爭，令他們認為人定勝天，可是結果他們發現了與上天對抗便會遭受還擊，就像他們不斷建造更高的堤防去面對海水，但洪水卻會以更大的力量來沖擊。所以荷蘭人明白必須了解海洋才能生存下去，他們由與海鬥爭，漸漸變為與海共存。荷蘭是全球最早針對氣候變遷擬定國土安全戰略的國家，他們的政策包括還地於河、創建水上城市等。

　　他們在足球世界也有類似經歷，荷蘭曾於 1974、1978 和 2010 年總共三次打進世界盃決賽，可是全部鎩羽而歸；曾幾何時，阿賈克斯（Ajax Amsterdam）也是歐洲甚至世界球會的霸者。不過荷蘭的國家規模始終無法與德國、西班牙和義大利等鄰國匹敵，所以近年縱然犧牲了國家隊的成績，也改以培育未來球星為主要路線。

全能足球揚名全球

荷蘭從 1970 年代起以全新意念的「全能足球」揚名世界，一代名帥 Rinus Michels 引進在當時來說是嶄新的足球理念，進可攻、退可守，荷蘭足球一度令人聞風喪膽。在 Johan Cruijff 及 Johan Neeskens 等球星的完美演繹下，就連創造三奪世界盃冠軍歷史的巴西，也只能在 1974 年世界盃決賽圈俯首稱臣。

十分可惜的是，荷蘭在決賽遇上主辦國西德，開賽不久便取得領先，可是後來連失兩球，最終以 1:2 落敗，與世界盃冠軍擦身而過。

四年後的 1978 年世界盃裡，雖然 Johan Cruijff 沒有隨隊參賽，但仍有 Rob Rensenbrink 和 Johan Neeskens 等名將在陣，可惜命運再次捉弄荷蘭，因為他們再次於決賽遇上了主辦國，最終敗於阿根廷，再度屈居亞軍。

此後荷蘭足球沉寂了接近十年，於 1988 年再創高峰，這時的荷蘭人才輩出，Ruud Gullit、Marco van Basten、Frank Rijkaard 和 Koeman 兄弟等全是獨當一面的猛將，最終獲得歐洲國家盃冠軍，也是荷蘭首奪國際大賽的冠軍。

命運弄人

　　所謂命運弄人，雖然在宿敵西德的國土上高舉歐洲國家盃，但兩年之後的 1990 年義大利世界盃十六強賽再次遇上西德，這次輪到荷蘭被淘汰。兩年後的歐洲國家盃，荷蘭在分組賽復仇成功擊敗統一後首次參賽的德國，卻在四強賽獲一片看好之下互射十二碼球爆冷輸給臨時找替補出賽的丹麥，成為對方製造奪冠童話的踏腳石，這也是「三劍客」的最後探戈。

　　到了 1998 年法國世界盃，荷蘭又進入另一個新的黃金時代，由經驗豐富的 Dennis Bergkamp、Marc Overmars 和 de Boer 兄弟領銜，帶著多名年輕天才球星，包括 Patrick Kluivert、Clarence Seedorf 及 Edgar Davids 等，活力充沛而且腳法出眾，在四強戰面對一時無兩的巴西不讓半分，卻再次以互射十二碼形式落敗。

　　在 1998 年世界盃結束後，部分球評家預計荷蘭縱然功虧一簣，不過由於主力成員年輕，所以四年後的世界盃決賽圈的表現將更強勁，甚至是世界盃奪冠熱門球隊。可是這支天才橫溢的球隊卻再三令人失望，先是以東道主身份參與 2000 年歐洲盃，卻在四強戰射失兩次十二碼，再於互射十二碼階段不敵戰力明顯較遜的義大利，遭擯出局。然後在 2002 年世界盃資格賽遇上葡萄牙和愛爾蘭的夾擊竟然倒下，連決賽圈都無法參與。

　　2004 年的歐洲盃決賽圈，荷蘭開始進入新老交替期，Patrick Kluivert 和 Philip Cocu 等經驗戰將帶著 Wesley Sneijder 和 Rafael van der Vaart 等新一代出戰，可是在四強戰不敵東道主葡萄牙出局，「1994-95 年歐冠冠軍」於是黯然落幕。荷蘭及後在 2006 年世界盃也被葡萄牙淘汰，2012 年的歐洲盃分組賽也敗於葡萄牙，葡萄牙儼然成為荷蘭近年的剋星。

　　經過 2004 年歐洲盃和 2006 年世界盃的洗禮，以 Sneijder、van der Vaart、Robin van Persie 和 Arjen Robben 為首的一代逐漸成熟，不僅相繼成為歐洲豪門球隊的主將，還將荷蘭國家隊帶進新的高峰。他們在 2008 年歐洲盃分組賽擊敗義大利、法國和羅馬尼亞，卻在八強戰不敵俄羅斯出局。幸好他們懂得迎難而上，在 2010 年世界盃決賽圈擊敗巴西和烏拉圭打進決賽，卻在決賽遇上如日中天的西班牙，Robben 在法定時間單刀球不進，反而讓對手於加時賽射進唯一進球，無奈第三次成為亞軍。四年後的世界盃決賽圈，荷蘭不僅大勝西班牙報仇成功，還再次打進四強賽，可是又倒在互射十二碼之下，只能成為季軍。

　　Sneijder 一代在 2014 年世界盃後淡出，荷蘭足球再次陷入人才匱乏的黑暗期，竟然連續缺席 2016 年歐洲盃和 2018 年世界盃決賽圈。幸好近年又有新一代球星湧現，令荷蘭終於在 2020 年歐洲盃重返決賽圈。

全力做好青訓

就像與海洋戰鬥一樣，雖然國家隊的成績總是差一點點，他們也要適應這個世界，荷蘭的青訓水平可說是全球知名。

特別是阿賈克斯的青訓系統，過去的幾十年間源源不斷地為國家隊輸出優秀的球員，Johan Cruijff、Frank Rijkaard、Dennis Bergkamp、Patrick Kluivert、Clarence Seedorf、Frank de Boer、Wesley Sneijder、Rafael van der Vaart 都是顯赫一時的名將，近年冒起的 Frankie de Jong、Donny van de Beek、Matthijs de Ligt 都已經成為歐洲豪門球隊的新一代主力。

阿賈克斯的球探們發現有潛力的球員後，便讓他們通過測試，留下及格的球員嚴加訓練。阿賈克斯各級青年隊均有專職教練指導，球員按年齡（從 7 歲到 19 歲）被分入各級梯隊，各級青年梯隊的訓練方式與阿賈克斯一線隊的訓練方式如出一轍，均是按照阿賈克斯的足球風格培養球員，經過層層選拔後年輕球員進入一隊後能迅速適應球隊戰術。其他荷蘭球隊包括 PSV 埃因霍溫、費耶諾德、維特斯、阿爾克馬爾、海倫芬等的青訓成果也同樣出色。

荷蘭由與大海競爭的傳統，已漸漸變成與海共存，足球場上也一樣，儘管國家隊的成績總是差一點點，但青訓工作從不

停止，即使國家隊未能登上世界冠軍，但各大聯賽的球隊都擁有具質素的荷蘭球星，也算是另一種揚名世界的方法。

運氣如何左右勝負

文：李維

足球是人生的縮影，在球場上發生的事，往往跟人生的遭遇一樣，有歡喜、悲傷、成功、失敗，當中最能反映出人生真實一面的是，只有一支球隊可以得到冠軍，等如成功人士永遠只是少數，而左右一支球隊能否得到冠軍或一個人成功或失敗，運氣都是很重要的因素。

運氣也有很多種類

我所說的運氣並非指不用付出，只靠「天時、地利、人和」便取得成功。俗語說得對，運氣就是實力的一部分，如果想獲得運氣幫助，就必須要有所準備，擁有一定實力才可掌握運氣。就如香港和台灣的足球代表隊，也因為自身實力不足，就算獲得再好的運氣也相信無法贏取世界盃冠軍吧！

關於足球場上的運氣是可以分開幾個範疇討論，例如臨場表現、對戰時決勝負的原因、裁判的裁決水平，及對手實力及狀況等等，當中每一件事都可以被運氣左右結果，而且影響範圍可以非常大。

首先是臨場表現，本來己方球隊在比賽中的表現很好，卻總是無法取得進球，反而輸掉一些不該輸的失球。

在我的印象中最深刻的欠運比賽，是 1990 年世界盃的十六強賽事巴西對阿根廷。巴西在小組賽三戰全勝，對上在小組

賽只是僥倖出線的阿根廷，巴西在比賽中掌握了接近九成的攻勢，射門次數和控球率取得壓倒性優勢，而且曾兩次射中門柱和橫樑，幸運之神明顯不在他們那一方。當時的香港足球球評家林尚義先生形容這是大人與小孩踢球的比賽，可是最終卻是阿根廷這個「小孩」以一次反攻取得進球，巴西落後下更沒有進球方法，最後巴西以一球落敗，大人竟然被小孩淘汰。

足球史上有不少優敗劣勝的例子，這種情況在 1990 年世界盃決賽圈的多場比賽都出現過。除了剛才提及的阿根廷擊敗巴西，還有英格蘭擊敗比利時和南斯拉夫在互射十二碼階段不敵阿根廷等例子。

類似的例子其實多不勝數，特別是有踢球經驗的朋友都知道「腳風」順利與不順利時，射門的命中率相差很多，防守時解圍的準確度或是守門員撲救時方向的準繩度等全都都有影響。當然我要再一次強調，要自身擁有基本技術和實力才能談運氣，否則每次射門都不中門框的話，就不用談什麼運氣了。

影響勝負的因素

足球比賽中，當兩支球隊對戰時，表現較好的一方固然值得取勝，但現實是經常出現一些意想不到的東西影響勝負，例如多年前桑德蘭對利物浦的英超賽事，比賽期間突然有一個沙

灘球走到利物浦球門前附近，令桑德蘭球員射門打中該沙灘球，令皮球改變方向影響利物浦門將的撲救表現導致失球，剛巧裁判卻無視這種特殊情況判決進球有效，令利物浦輸掉比賽。另一種情況就是球場草地質素不佳改變皮球飛行方向，特別是在射門的時候，皮球在守門員迎接前突然因為彈進凹凸不平的草坪而改變了方向，令本來可以輕鬆接住球之下卻變成失球。再者也可能是因為進攻球員在單刀攻門前突然滑倒錯失黃金進球機會，反過來也可能是防守球員滑倒讓對手獲得單刀機會，利物浦或 Steven Gerrard 的球迷對這種情況肯定永誌難忘。

　　另一種情況則是球員在重要關頭突然受傷，無論是在賽前確定無法上場，還是比賽期間被對手或自己弄傷，導致表現大打折扣甚至被逼退下火線，都可能突然令己方球隊戰力減弱之下從勝利變為落敗，這一切可說是「時也命也」。

裁判的錯失影響比賽

　　裁判的判決也是一個很重要決勝因素，由於裁判手執球場上唯一的是非對錯準則，就算判決錯誤，所有球隊和球員都必須服從，所以裁判犯錯的話便容易造成爭議，類似的例子實在不勝枚舉。比如是沒越位的進球卻被判成越位無效，皮球已過球門線卻不算進球，這些在最高水平的世界盃或英超賽事都已是司空見慣。就算是已經採用門線技術和 VAR 視像協助執法

還是沒變，最近期的明顯例子便是英超賽事中阿斯頓維拉門將明顯在球門內接住皮球，卻因為門線技術無法判定皮球是否進了球門線內，令裁判在沒收到進球訊號和 VAR 裁判的指示下，貿然判定皮球沒進球門，令阿斯頓維拉得以打和謝菲聯，也正好是依靠這一分保級成功。

另外，裁判有時候也會對其中一方判罰過嚴，例如是錯判紅牌給球員，令該球員所屬隊伍在少賽一人之下處於劣勢，甚至落敗，如果遇上這種狀況，只能慨嘆一聲「命運弄人」。

運氣好便是成功的一半

之後要說的是足球大賽的抽籤問題。這情況在聯賽也會出現，比如是賽程安排 A 球隊要在八天內應付三場對手很強的比賽，相反 B 球隊雖然也要跟這三支強隊交手，可是賽程安排上是分開每個月對戰其中一支強隊，形勢上已是相差很遠。

抽籤問題最明顯是落在賽會制或淘汰賽制的比賽，比如是世界盃、歐洲盃和各國盃賽。球迷經常透過媒體看到或聽到所謂「分組形勢」時，媒體常強調某些球隊獲得好籤，某些球隊進了「死亡之組」，這便是抽籤時運氣好和不好的分別了。比如是 2000 年歐洲盃的捷克，他們本來是實力很強的球隊，而且又是上屆亞軍球隊，可是因為同組對手有世界盃冠軍法國和

東道主荷蘭，結果面對這兩個強敵都是欠運之下僅負，連小組賽都沒能晉級，如果他們是落在當屆另一組，跟（當時很弱的）比利時、義大利和土耳其同組，晉級機會便大大增加。

另一個例子是 2002 年世界盃季軍球隊土耳其，他們在不被看好的情況下創造歷史。可是他們在當屆賽事七場比賽都沒有遇上歐洲球隊，卻在分組賽跟中國交鋒，在十六強賽淘汰日本，並於季軍戰擊敗韓國，七個對手之中有三隊是亞洲球隊。雖說要成為世界盃季軍必須擁有一定實力，不過這例子明顯是有運氣相助。

還有一個很經典的例子是米爾沃以英甲球隊（相當於目前的英冠）身分晉身 2003-04 年賽季的英格蘭足總盃決賽，他們在晉級過程中竟然避開了所有英超球隊，終於他們在決賽無法避開面對英超球隊的命運，結果以 0:3 不敵曼聯。

最後我想再一次強調，一場比賽甚至人生的勝負除了取決於個人能力高下，運氣也占了很重比例，當然大前提是運氣是留給有準備的人。所以只要盡了力，就應該放開心情，不要轉牛角尖的認為一時的失意是能力不足使然。俗語說得對：「豈能盡如人意，但求無慚於心」。

英格蘭足壇薪酬過高？

文：李維

　　武漢肺炎肆虐全球，歐洲足壇滿目瘡痍，球員該不該降薪變成極具爭議的社會熱話。4 月下旬，由英格蘭足球聯賽協會（EFL）所做的調查顯示，英冠球隊的薪水完全脫離現實，居然有球隊向隊醫開出 19 萬英鎊年薪，即約 710 萬新台幣，甚至有球衣管理員的薪水高過英甲和英乙的職業球員，可想像日後有英超調查的話，必然引起英國社會民憤。

　　調查綜合了英冠、英甲和英乙聯賽，目的是收集停擺期間各隊的相關支出，報告長達 80 頁，非常詳盡，也把球迷嚇了一跳。首先，24 支英冠球隊當中，即使六支球隊未有回覆問卷，但其餘 18 隊已包括豪客里茲聯等在內，分析認為數字已能反映實況。

　　本賽季，英冠球員平均年薪為 150 萬鎊，接近三萬鎊周薪，但其中一支豪門的平均周薪就達到 6.8 萬鎊，而且當中仍未計算比賽獎金，實際數字會比目前更高。當然，貧富懸殊一樣在英冠出現，有球隊的最高薪球員，原來只有 8,500 鎊周薪，約為 44 萬鎊年薪，其餘隊友都在 20 至 30 萬鎊年薪左右。英冠下面的英甲聯賽方面，球員平均年薪不到 25 萬鎊，周薪約 4,800 鎊，而英乙更低，年薪為 11 萬鎊左右，所以這兩級別聯賽的球員，基本上不可能對英冠或英超隊伍的挖角產生「免疫力」。

　　英冠的 CEO 平均年薪接近 30 萬鎊，僅次球員和總教練，其中有球隊向旗下 CEO 開出 74 萬鎊底薪，連同年底花紅的話，

肯定超過 100 萬鎊。至於負責轉會買賣的足球總監角色，平均年薪也有 19.5 萬鎊，同樣令人嗤之以鼻。事實上，英冠的文職員工，平均年薪都有 6 萬鎊，高於英國普遍白領，最令人驚喜的是，IT 主管的年薪也有 11.5 萬鎊，難免令人羨慕又妒忌。

教練組方面，英冠總教練每年平均入息為 88 萬鎊，最高的賺到 346 萬鎊，而助教平均數為 20 萬鎊，門將教練為 8.4 萬鎊，體能教練有 7.9 萬鎊。奇怪的是，英冠隊醫平均年薪只有 6.9 萬鎊，卻有球隊開出 19 萬鎊年薪，莫非那醫生是華佗再世？最後要說的是，球衣管理員的崗位，這職位本應與保安、清潔工相不多，平均年薪約 3.3 萬鎊，但有球隊離奇地拿出 9 萬鎊年薪，或者是給予自己親戚的特殊薪水……？

這份報告出爐後，很多英國網民一針見血認為：「英超降薪是必須的。」事實上，英格蘭足壇的經濟泡沫，已非一日之寒，若在這個時候停一停、想一想，重新分配完全不平均的薪水，對整個足壇百利而無一害。當然，很多球星本性善良，出錢又出力，全力支援各國醫護抗疫，盡見人性的光輝一面。

虛擬德甲有望突圍

文：李維

　　沒錯，英超是全球最受歡迎的聯賽，也是全球最富裕的聯賽，但在這次世紀疫情的巨浪中，走在最前的卻是德甲。德甲不僅是首個重啟的四大聯賽，也在疫情早期舉辦了官方電競賽事，讓各位球迷止渴。

　　事實上，德甲電競已經贏在起跑線，虛擬德甲（Virtuelle Bundesliga）是官方聯賽，自 2012-13 年賽季開始，並在德國、奧地利和瑞士大行其道，2017 年的總報名人數已達 15 萬人。2018 年 3 月，德國職業足球聯盟（DFL）在德國足球博物館舉辦《FIFA》電競，多達 15 支德甲球隊報名，最終由瑞士超巴塞爾選手 TheStrxngeR 奪得冠軍，獎金有 2.5 萬歐元。

　　電競吸引年輕球迷之外，也為真實足球打開了新財路，2018 年 VBL 得到 TAG HEUER 冠名贊助，轉播權也分發到傳統德國體育一台 Sport1 和 Facebook，其商業價值可見一斑。TAG HEUER 認為電競值得投資，當然也想涉足傳統足球球迷，打開不同年齡層面。

　　國際足協暫時仍然不接受某國聯賽，前往其他國家舉行，但虛擬比賽就沒有限制。2017 年，DFL 同 FOX Sports 合作，把 VBL 賽事推廣到亞洲、南美洲，分別在馬來西亞和智利分別舉行《FIFA》電競，勝利者可以前往德國再戰，沒有浪費這幾年的經營。不過，發展電競的最大阻力，永遠是要不要歸類

為體育？德國人為了轉移概念，決定把虛擬聯賽改名為 Virtuelle Bundesliga，而非 Bundesliga esports。

2017 年《FIFA》世界總決賽的四強，德國選手壟斷三席，而在世界《FIFA》電競實力排名榜中，德國更以 104 分居首，在歐洲拋離第二名的英格蘭一半。2018 年世界頂級賽事 FIFA eWorld Cup 電競世界盃，德國進入總決賽階段的參賽人數，同樣最多，共有八人，第二位的法國只有三人。

擁有著名選手 TIMOX 的沃夫斯堡，是最早成立電競隊的德甲隊之一，辦公室位於主隊球場的一旁，辦公室的電競氛圍濃厚，前台的德國人甚至坐在專屬電競椅上，更採用電競顯示器，顯然與其他德甲球隊的基地截然不同。狼堡把過往在足球的經驗，移植到電競選手的培養，除了均衡的飲食外，還提供了專業訓練設施，德甲球星又會和電競選手交流切磋。

坐落首都的柏林赫塔已建立了電競學院，牆上寫了「The Future Belongs To Berlin」，訓練房設置了五個訓練位置和一個直播間，讓學員們進行日常訓練，2018 年已簽下了三名職業選手，並專門向 14 至 18 歲小將招生，就連電競小學員也跟青訓小將一樣，可以在學院接受正規教育，這一點才是舉足輕重。

歐冠聯可以更精彩！

文：華希恩

歐冠已經成為全球球迷每年最注目的賽事，而且牽涉的金錢利益相當巨大，所以參與歐冠對所有球隊來說除了是爭取榮譽和面子，更重要的是參與歐冠將獲得巨額出場費和電視轉播費用，對於延續他們的盛世是不可或缺的，因此歐冠成為各大球隊爭取聯賽更高排名的催化劑。

可是有時候就算努力做好自己的本分，最終也可能是一場空。利物浦在 2005 年成為歐冠冠軍，卻在英超只獲得第六名，相反死敵埃弗頓卻拿到第四名。最終歐洲足聯為了讓利物浦參與衛冕竟然下令把埃弗頓的歐冠席位搶走。後來托特勒姆熱刺也因為聯賽排第六名的切爾西贏得歐冠，縱使獲得聯賽第四名也無緣參賽。幸好後來歐足聯不再堅持一個國家最多只有四支球隊參與歐冠的規定，這種不公平才成為歷史。不過歐冠賽制上仍然有很多可以改善的地方，筆者將會一一說明。

要公平？還是要精彩？

談到歐洲足聯傾向針對英超球隊，似乎是在 Michel Platini 當上主席之後開始。他除了喜愛「改革」，也總是認為英超球隊壟斷歐冠，所以推行讓更多小球隊去參加歐冠。

歐足聯是否真的針對英超？這話題先放下不提，不過在 Michel Platini 仍在位時曾經有報導指出，他認為歐足聯盃不受

參賽球隊重視，所以索性取消這項「次級盃賽」，相反打算擴大歐冠聯的規模，將分組賽增至 64 隊，幸好到了今天仍然沒有實行。

為什麼大部分球隊都不重視歐足聯盃？筆者年輕時，歐洲舉行三大盃賽，參賽的球隊都會全力出戰，爭得你死我活，怎麼現在有歐洲區比賽踢，卻反而不認真了？主因是歐冠擴大了規模，大得甚至蠶食了歐足聯盃地位。

Michel Platini 希望平衡發展，讓多些來自小國聯賽的球隊直接進入分組賽，讓更多人分到歐冠帶來的龐大收益，同時也用各種方式增加歐冠的收視及收益，包括將決賽改到週末的晚上上演，但這種想法卻或多或少有點矛盾。

強弱懸殊比賽太多

歐冠經過改革後增加了小國球隊參賽的機會，也意味著強弱之間對碰增多。在 2009-10 年改革賽季之後的三屆分組賽中，竟然出現七支球隊是六戰全敗出局，除了比利亞雷爾是西班牙球隊，其餘六支球隊是來自以色列、匈牙利、塞爾維亞、斯洛伐克和克羅埃西亞，這些球隊能對歐冠整體競爭及收視率帶來幫助嗎？

　　後來 Michel Platini 因為醜聞而倒台，歐冠也「回復舊觀」，從 2018-19 年賽季開始回復「強國壟斷」的局面，歐足聯系數最高的五個國家的 19 支球隊全部不用踢資格賽，直接從分組賽開始參戰。32 個分組賽席位竟然有超過一半是由五個國家的球隊不費一兵一卒瓜分掉，導致歐冠進入比以往更有利足球強國球隊的局面，另一方面，由於再沒有「歐洲五大聯賽」球隊因為歐冠資格賽失利而掉進歐洲聯賽盃分組賽，同時間歐足聯卻有意無意地要求「五大聯賽」球隊在歐洲聯賽資格賽對決，造成兩虎相爭必有一死之局，比如是 2019-20 年賽季英超的狼隊淘汰義甲球隊都靈、德甲球隊法蘭克福需要淘汰法甲的斯特拉斯堡才可晉級分組賽，反而令足球強國球隊能參與歐洲聯賽分組賽的機會更少，變相令歐洲聯賽分組賽更不好看。

歐洲三大盃賽年代

　　所以筆者認為，與其改來改去反而愈改愈糟，倒不如改回過去的好。剛剛筆者有提過，以往歐洲三大盃賽時期的競爭不是更精彩嗎？

　　先以歐冠為例，歐冠分組賽每輪合共 16 場賽事分開兩天進行，每晚進行八場比賽，縱然近年已經刻意把每晚比賽分開兩個時段進行，可是大部分球迷還是只想看最受歡迎的數支強隊。就算真的想看更多比賽，可是由於有超過一場比賽還是需

要在同一時間開賽，除非你是時間管理大師懂得分身之術，否則每晚最多只能選看兩場賽事，同一天進行的八場比賽始終無法平分收視人口，有些賽事還是錄得較低收視。

既然如此，何不簡單一點？歐冠就名正言順的只讓各國的聯賽冠軍（Champions）球隊參加，而且一個賽季沒能在任何賽事取得冠軍的球隊也能踢冠軍盃，筆者看來本身已是名不正言不順，相當奇怪。所以每個國家只派一支球隊參加（上屆冠軍如果沒能贏取聯賽冠軍，最多也讓他們一起玩吧，因為好歹還算是冠軍嘛）。由於每個國家只有一支球隊參賽，有了曼聯就不能再有利物浦，巴塞隆納參賽了就沒有皇家馬德里的份除非「紅軍」或「皇馬」是上屆冠軍吧。所以未必每年都能參與之下，令各支球隊肯定更重視比賽，踢起來更賣力。另一方面由於要爭奪這個僅有的位置，將令各國聯賽爭奪戰更激烈，帶動兩項賽事的收視都高企。

真正的冠軍對決

如果歐冠只有聯賽冠軍球隊參加，也可以分組賽制進行，先進行淘汰賽將實力不足的球隊淘汰，這些被淘汰的球隊也是可以參與歐洲聯賽相應階段賽事。12 支出線冠軍球隊可以分為三組，同樣是踢六場分組賽，每組的首、次名球隊和兩支成績較好的第三名球隊可晉級八強賽，八強賽和四強賽維持是雙循

環淘汰賽。這樣的話參賽球隊可以減少比賽場數，減低球員受傷機會。而且每個星期可以只安排兩至三場比賽，確保所有人都不用是時間管理大師也可看滿每場賽事。

若 2019-20 年歐冠是採用這制度的話，參與分組賽的球隊是曼城、巴塞隆納、拜仁慕尼黑、尤文圖斯、巴黎聖日耳曼、澤尼特聖彼得堡、本菲卡和頓涅茨克礦工，再加上四支從資格賽突圍而出的冠軍球隊，比如是加拉塔薩雷、薩爾斯堡、阿賈克斯和亨克或哥本哈根，這些都是歐洲足球史上赫赫有名的球隊，還是每場賽事都是大戰，怎可能不精彩？

小國球隊同樣可以分到歐冠的收益，只要增加資格賽的獎金，就算在歐冠資格賽出局掉進歐洲聯賽也能有一定分紅，歐足聯每年賺取天文數字收入，要這樣做一點都不困難。

給各國盃賽冠軍參戰的歐洲盃賽冠軍盃（優勝者盃），賽制也可以與歐冠相同，同樣是把 12 隊分成三組，這樣的話曼城、國際米蘭、沙爾克 04、皇家馬德里、里昂……等等，在分組賽的戲碼其實也不下於歐冠，每一場也都是大戰啊！開賽時間也可以與歐冠分開，讓觀眾也可以收看多點比賽。

歐足聯盃也是很精彩

至於歐足聯盃（歐洲聯賽）改回以往聯賽冠軍以外的名列前茅球隊參加，如果是這樣的話，2019-20 年賽季的歐足聯盃參賽隊伍就會是馬德里競技、皇家馬德里、托特勒姆熱刺、拿玻里、阿特蘭大、多特蒙德、萊比錫、里爾、波爾圖、基輔迪納摩等，戲碼還是很強，而且拿到冠軍的球隊下賽季可以踢歐冠，比賽肯定不再是雞肋。

最後歐足聯可以把三大盃賽的開賽時間分在不同日子舉行，比如是歐洲盃賽冠軍盃放在周一舉行，歐冠放在周二和周三舉行，歐足聯盃維持在周四舉行，互不重疊，雖然每項賽事的參賽隊伍和比賽場數少了，但觀眾可以欣賞的比賽卻反而多了，精彩的大戰也增加了，並可減少強弱懸殊的對碰，筆者相信收視率反而會增加很多呢！

真的只能用十二碼解決嗎？

文：華希恩

　　足球比賽和大部份球類比賽的最大分別是有和局，容許比賽雙方都沒有擊敗對手。尤其是在聯賽制的賽事中，如果踢完90分鐘都沒能分勝負的話，沒關係，大家各得一分便可。當然如果是盃賽淘汰制的話就必須決定取勝者，踢完90分鐘後和局就加時30分鐘決勝，再和的話目前普遍是以十二碼球決勝負。

　　不過互射十二碼真的是最佳定輸贏的方法嗎？筆者記得在1982年的世界盃四強賽法國對西德以十二碼決勝負後，當時已有不少專家討論到底用那種方法來定勝負較好呢？38年後的今天，足球淘汰賽的最終決勝負手段還是十二碼球。

　　多年來有不少來自世界各地的專家提出很多可以取代十二碼球的方法，今天筆者就與各位分享並提出自己的看法。筆者年青時透過媒體報道看過其中五個建議，為使文章簡潔，以下提到的建議全都是在加時30分鐘後再打成和局時可取的：

1. 單刀火拼

　　每隊像互射十二碼一樣，各派出五名球員由距離球門35米左右的位置開始盤球，須於五秒內完成單刀攻門，這可算是單對單的火拼。這個建議是真的實行過，美國職業聯賽在1996年開打時的最初數年就用這個方法來分勝負。筆者也認同這方法真的不錯，既有刺激感，技術性也比射十二碼的要求為高。

可是後來美職聯卻因為希望跟國際足壇接軌而接受和局，單刀火拼決勝也成為歷史。

2. 比射門次數

筆者認為不合理，有些球隊是習慣採用防守足球、又或穩守突擊的打法，射門本來就不多，這項建議令強隊更受惠，也有可能令雙方在比賽末段隨便亂射，筆者也不認為這樣的比賽會好看。而且射門的計法是以射中門框才算數？還是以射門命中率來計算呢？

3. 角球較量

比較雙方全場的角球數，較多者為勝方。筆者認為這方法並不合乎足球比賽的原則，因為足球比賽不是早已定義為進球較多者勝出的嗎？角球較多能代表什麼呢？當然理論上實力較強的球隊，獲得角球數量會較多，那麼這不就是保護強隊的建議嗎？如果真的採受這方法，比賽雙方也許在加時下半場賭一把，向著禁區內亂射一通，碰到對方球員便有機會取得角球，這樣的比賽會好看嗎？

4. 無限時加時

即是再加時，但採取無時限及黃金進球制度，即是一直比賽到有進球為止。筆者記得多年前已有專家擔心，一旦使用這個方法，說不定多踢數個小時還沒有進球，反而球員們先虛脫，後果將十分嚴重，所以這方法應該不可行。

5. 擲毫

即是猜擲銅板掉到地上是哪一面向上，這其實並不是新方法，數十年前早已使用過，包括 1968 年的歐洲國家盃決賽圈賽事。甚至是數十年前的亞洲比賽也是用這種方法分勝負。用這方法公平性本來不用懷疑，不過這種純運氣的方式，就沒有任何可觀性了。

近年提出的建議

至於筆者近年看過的報道中，有專家提出一些新的建議如下：

a. 比控球率

計算在前半場區域的控球時間，較多者勝出。這個方法首先要確定計算系統必須精確，即使無誤也是一種不公平的作法。

比如是西班牙或南美球員球員的踢球風格是控球在腳，他們的控球時間一定比其他球隊高。如像一些較傳統的英式高球風格，或是以快速反擊的球隊就註定吃虧了。

b. 比排名

以排名來定勝負。國家隊以國際足協排名為準，歐洲比賽可以歐洲球隊的系數，國內盃賽則按聯賽排名為準。如果傾向強隊的做法，當然是排名高為準則，若要照顧弱隊則以排名較低的為準則。如以排名高的晉級，筆者多年來都提及過國際足協的排名是相當無聊，若用這排名高來定勝負，更是極度的不公平。如果能以排名低的球隊晉級，表面上是照顧弱勢球隊，實際上可能令實力較弱的一方更加死守，因為只要守完 120 分鐘不輸球便可以晉級。這樣的比賽可能更不好看。

c. 計首分組賽成績

國際比賽算上分組賽階段獲得的分數，如世界盃、歐洲國家盃、歐洲聯賽冠軍盃等賽事可計算分組賽得分。這建議也是很不公平，分組賽抽籤的好壞本來足以影響成績，現在還要將這些不公平帶進淘汰賽。如某球隊被抽到「死亡之組」，幾經辛苦爭取到出線，由於對手實力接近，可能分數沒有其他來自實力強弱懸殊組別的晉級球隊為高，這樣便已先吃悶虧，這真的可說是不幸中之更不幸。對於抽中魚腩隊的強隊又在小組全

勝晉級的話，他們基本上就算在淘汰賽打和也可晉級，這不是
讓部份強隊更不急於進攻？因為不輸球便能晉級。

d. 比體育精神

　　以公平競技法來判定輸贏。比賽打和後先比紅牌數再比黃
牌數，當然是較少的一方勝出，若黃牌數相同再比較犯規次數。
這方法是可以提升雙方的體育精神，減低犯規，不過卻有機會
出現兩個很嚴重的問題：第一，假如領牌、犯規次數也一樣，
也是無法解決誰勝誰負；第二是裁判的執法水準和尺度，能否
肯定裁判沒有誤判的出現。足球比賽多年來都有不少誤判事件，
比如越位進球卻判有效，以及錯發紅牌等，這是很明顯的問題，
若用這方法來定輸贏的話，可能令一個本來是微不足道的小犯
規判決，隨時變為能否晉級的關鍵，連小誤判也可能影響球隊
的生死。

　　以上的多種建議，不知道讀者的看法如何呢？筆者認為公
平競技法是不錯的方法，可是縱然現在已有 VAR 協助裁判執
法，可是如果每次犯規都足以影響勝負的話，就必須要求裁判
作出的所有判決都是準確無誤，可是現在的機制是只有關於進
球和紅牌的重大事件才使用 VAR 糾正誤判，普通小犯規就算
誤判也不會「上訴」，所以公平度還是不足。

　　如果有一天真的要取消互射十二碼決勝負，若要兼具公平和刺激，可能只有效法從前美職聯般來個單刀火拼是最理想了。

英足聯錦標，庶民的天堂

文：華希恩

　　說起英格蘭的盃賽，全球歷史最悠久的英格蘭足總盃和稍次的英格蘭聯賽盃，相信不少英格蘭球迷都相當熟悉。雖然英格蘭四級聯賽球隊都可以參與這兩項盃賽，而且偶爾有低級別聯賽球隊淘汰英超球隊的結果，不過能夠爆冷的機會始終很少，特別是近年英超水平跟英冠的水平也已經愈拉愈遠，跟英甲和英乙聯賽球隊的距離更不用說，所以對大部分英甲和英乙聯賽球隊來說，足總盃和聯賽盃幾乎注定成為英超球隊羞辱的舞台。畢竟英格蘭是現代足球發源地，所以足協也顧及這些低級別球隊的感受，在 1983-84 年賽季開始創立只限英格蘭第三和第四級別聯賽球隊參與的英足聯錦標（EFL Trophy），讓低級別聯賽球隊也能晉身英格蘭足球聖地溫布利球場踢決賽，享受在頒獎台上領取獎盃的時刻。

　　由於參與英足聯錦標的球隊都是低級別球隊，為了節省比賽成本，所以從首屆起直到本賽季舉行的第 37 屆賽事，都是以參賽球隊所處的地理位置分為南北兩區作賽，到了最後淘汰賽階段才混合一決雌雄。坦白說由於這項賽事的受關注程度比聯賽盃更低，所以縱然奪冠機會比足總盃和聯賽盃高，仍然有不少球隊選擇以非主力陣容應酬了事，加上部分強隊升上第二級別聯賽後便不能再參與英足聯錦標，所以這項賽事舉行了 36 屆已出現 29 支球隊拿過冠軍，奪冠次數最多的布里斯托城也只拿過三屆冠軍而已，而且從來沒有球隊能夠衛冕，因此這項賽事可說是輪流坐莊的歡樂盃賽。

話雖如此，英足聯錦標以往也不乏一些明日之星曾經在此揚威，英超常客球隊南安普頓在 2009-10 年賽季降到英甲聯賽，可說是該球會近年的最低潮時期，不過就是在當屆首次參與英足聯錦標並一舉殺進決賽，當時的南安普頓擁有後來成為英格蘭國腳的 Adam Lallana、Rickie Lambert、後來的葡萄牙國腳中衛 Jose Fonte 和前突尼西亞國家隊隊長 Radhi Jaidi 在陣，結果 Lallana 和 Lambert 各進一球，協助南安普頓以 4:1 大勝擁有前愛爾蘭國腳 Ian Harte 在陣的卡萊爾聯奪冠。

到了 2016-17 年賽季，英格蘭足協為了提高英足聯錦標的競爭力，因此開始邀請部分英超和英冠球隊的青年軍參賽，當屆便有切爾西、艾弗頓和西漢姆聯等 16 支青年軍球隊參賽，令這項賽事開始成為球星的搖籃。斯旺西青年軍更晉級八強賽，本賽季在謝菲爾聯擔任主力射手的 Oliver McBurnie 便是當時的成員。

剛入選英格蘭國家隊的 Mason Mount 在這一屆賽事也有為切爾西青年軍上場，目前在萊斯特城不可或缺的 Ben Chilwell、Demarai Gray、Harvey Barnes 和 Hamza Choudhury 也是當年的青年軍主力成員。

到了 2018-19 年賽事，兩支淪落到英甲聯賽作賽的球隊樸茨茅斯和桑德蘭在決賽對碰，是這項賽事首次由兩支前英超球隊爭奪錦標，令這一屆英足聯錦標決賽獲得史無前例的高關注

度。由於兩支球隊都是歷史悠久的球隊，所以縱然只是低級別盃賽，卻也坐滿了溫布利球場 85,021 個座位，不僅打破了英足聯錦標進場人數紀錄，也成為 3 月 30 及 31 日這兩天全英國入場人數最高，以及全歐洲入場人數第二高的比賽，只輸給巴塞隆納對西班牙人的加泰羅尼亞德比。結果比賽過程也沒有令 8.5 萬名現場球迷失望，雙方踢完加時賽後仍然以 2:2 平手，最終樸茨茅斯在互射十二碼階段以 5:4 勝出，首次奪得英足聯錦標。

到了 2019-20 年賽季的英足聯錦標，參賽的青年軍球隊更趨精英化，參賽球隊仍然維持 16 隊，不過是首次由英超球隊全部佔據，「Big 6」球隊的青年軍也全部參賽，曼聯和利物浦的青年軍更是首次參賽。上賽季已在英超上場的 Tahith Chong 和 Angel Gomes 在首戰便協助曼聯 U21 擊敗英甲球隊，所以原本預計這賽季的英足聯錦標將是最精彩和最值得期待的一屆賽事，可惜原訂於四月中舉行的決賽，卻因武漢肺炎而延期，決賽的兩支隊伍，由樸茨茅斯對 Salford，但截稿時還不知道比賽是否會舉行……

轉會有叛徒嗎？

文：華希恩

　　轉會窗是國際足球壇最熱鬧環節之一，轉會窗期間大家都會很關心自己支持的球隊有哪些球星加盟或離開，亦會關心自己喜歡的球星會到哪裡發展。每年夏天的轉會話題最多的，不外乎是標王是誰或是豪門球隊買賣球星的話題。當中也有因為從原有球隊轉投到敵對球隊的案例，部分球迷會罵這些球員是「叛徒」。國際足壇以往有一些知名「叛徒」，且讓筆者在此跟大家分享。

　　在筆者印象中最深刻的足壇「叛徒」有兩人，恰巧兩人都與兵工廠（港譯阿仙奴）有關。先說一個筆者認為，沒有誰能比他更可惡的，他便是 Sol Campbell。看球有一段時間的朋友應該對他有印象，他是著名英格蘭國腳中衛，本來是托特勒姆熱刺培育的球員，後來進入成年隊成為隊長。當 Sol Campbell 為熱刺踢了八個賽季後，熱刺不斷以金錢和「感情牌」說服他續約，希望可以打動他，因為當時合約期限只餘一年。可是他的態度十分曖昧，雖然表示過有離隊的想法，但沒有表現「去意已決」的態度。

　　到了合約完結前的一天，熱刺仍然希望 Sol Campbell 只是「跳草裙舞」，最終仍會動筆續約，可是最終沒有。回復自由身的他卻表示希望能加盟有資格參加歐冠的球隊。誠然人望高處沒有問題，問題卻是他竟然選擇加盟熱刺的宿敵兵工廠，對於熱刺來說是非常震撼。

　　其實當年力邀 Sol Campbell 加盟的大球會除了兵工廠還有曼聯，如果他選擇加盟曼聯，或許情有可原，但他卻不讓栽培自己多年的母會分文不獲，還加盟了死敵球隊，這真是傷害了「熱刺球迷的感情」。自此他便被熱刺球迷冠上了「猶大」（Judas）的綽號，每次重返熱刺主場作賽時肯定受到球迷噓聲「歡迎」，就算他後來轉會到樸茨茅斯也不例外。當時英國《郵報》寫過 Football's Biggest Traitors 排行榜，他是排在第一名。

　　筆者還記得那段期間，前法國國腳 Emmanuel Petit 離開巴塞隆拿並希望回到英超賽場前，熱刺也有力邀他加盟，但他說自己曾經是兵工廠球員，就算回到英超也絕不能加盟熱刺。連一個法國人都知道這道理，身為英格蘭球員的 Sol Campbell 又怎能不知道呢？但他卻選擇了用這種方法「報答」母會。

　　另一位想談的「叛徒」，雖然他的「渣男」程度比不上 Sol Campbell，不過兵工廠球迷肯定不會原諒他，就是另一名前英格蘭國腳 Ashley Cole。

　　Ashley Cole 是兵工廠培育出來的球星，從學徒球員晉升至英格蘭國家隊主力成員，可是原來他一直都想效力切爾西。筆者再重覆一次，人望高處是很正常的，每個人都有他的自由。但問題是他在切爾西有「富爸爸」Roman Abramovich 當老闆才想去，然後私自約會對方的執行官及當時擔任領隊的 Jose

Mourinho，這種做法是相當不合理，而且也不合法，所以他、Jose Mourinho 和切爾西都被判罰款。

　　這事之後，Ashley Cole 更明目張膽的常常表示想離開兵工廠，嚴重影響球隊士氣。他在轉會談判過程多次陷於僵局，不過仍在 2006 年的夏季轉會窗結束前一天如願地加盟切爾西，切爾西只須用前法國國腳 William Gallas 加上 500 萬英鎊的代價便獲得英格蘭國家隊主力左後衛，當時媒體報道這是廉價交易，或許是因為談判拖到最後一天才落實，所以條件變成這樣不平等。

球王已成歷史

文：華希恩

　　球迷喜歡以「球王」形容在足球場上表現最出色的球員，全球公認的球王首推是貝利（Pele）和馬拉度納（Diego Maradona），另外佩斯卡斯（Ferenc Puskas）、克魯伊夫（Johan Cruyff）和席丹（Zinedine Zidane）也可算是一代球王。可是隨著足球發展以整體為主，一個球員即便有多麼天縱英才，也再無法單以一己之力扭轉局面，所以雖然在最近十多年來，C羅納度（Cristiano Ronaldo）和梅西（Lionel Messi）是公認世上最出色的球員，可是他們在球場的統治力也遠不及上述的前輩。或者我可以肯定的說，足球世界再不可能出現「球王」。

　　我一向不喜歡強調進球數量、射門次數和傳球次數等「數據」，因為數據不能完全反映比賽實況，所以我嘗試以其他角度跟大家分享為什麼 C 羅納度和梅西的技術和進球能力那麼強，也難以成為我心目中的球王。先說梅西吧，他在巴塞隆納和阿根廷國家隊的表現和獲得的成就可說是天壤之別，光是這一點來說就難以配上「球王」的名號。而且縱然他在巴薩已經贏得一切，可是到底有多少功勞是應該歸給隊友呢？特別是自從昔日的助手 Xavi 和 Andres Iniesta 相繼離去後，梅西還為巴薩贏了多少錦標呢？

　　至於 C 羅的情況跟梅西有點相似，他的最高峰是在效力皇家馬德里的時候，可是皇馬身處的西甲聯賽是強弱相當懸殊的聯賽，基本上只要不在弱隊身上太過輕敵，面對死敵巴薩和馬

德里競技時贏球，就可以拿下西甲冠軍，從而把心思全放在歐冠上，當然 C 羅在皇馬也有一幫好隊友扶助他成就大業。可是當他到了尤文圖斯後，情況就不一樣了，雖然好的隊友還是不缺，不過在義甲球隊著重防守的情況下，他也沒法再好像以往每個賽季進 40 球起跳了，也無法協助球隊奪得歐冠。當然他在國家隊的成就比梅西好一點，至少他也率領葡萄牙成為歐洲冠軍，但有趣的是，當屆比賽的決賽，他可是受傷的一員，葡萄牙在缺少他的情況下，決賽還是可以勝出。而在 2018 年的世界盃，他又無法率領國家隊踢進八強。

相反舉世公認的兩大球王貝利和馬拉度納，無論在國家隊或是球會級比賽都是無可質疑的王者。貝利在 15 歲時便在巴西甲級聯賽上場，17 歲便成為巴西國家隊的主力，並在世界盃決賽進球，協助巴西首次成為世界盃冠軍。四年後貝利因為受傷只在世界盃決賽圈分組賽上場，球隊後來沒有他也能衛冕，不過在 1970 年他大發神威，協助巴西第三次奪冠，將雷米金盃永遠留在巴西。至於在球會級比賽，他雖然沒有踢過歐洲聯賽，不過也為大部分職業生涯都效力的桑托斯取得六次巴甲冠軍，兩次南美自由盃錦標和兩次擊敗歐洲冠軍成為洲際盃得主。就算在 37 歲時轉戰北美足球聯賽，也能為紐約宇宙隊拿到總冠軍。

　　至於馬拉當納的故事就更具戲劇性，先是協助阿根廷奪得世青盃，然後為母會博卡青年贏得聯賽冠軍。後來轉戰巴薩雖然並不順利，也為球隊贏得盃賽錦標。馬拉度納在 1984 年轉投義甲球隊拿坡里，當時的拿坡里只是南部保級球隊，從來不在義甲傳統強隊的行列。可是馬拉當納卻以神乎其技的左腳令義甲群雄稱臣，幾乎是以一己之力把拿坡里變成義大利的王者，以及歐洲不可忽視的力量。而在國家隊方面，馬拉度納亦協助阿根廷奪得 1986 年世界盃冠軍，雖然過程中出現「上帝之手」的不名譽事件，可是也被獨自盤球突破英格蘭五人防線破門，以及決賽作出致命傳送令隊友 Luis Burruchaga 射進致勝球。雖然四年後他的狀態大不如前，可是仍然在十六強戰妙傳給 Claudio Caniggia 射進致勝球淘汰巴西。

　　貝利和馬拉度納所以成為球王，而 C 羅和梅西不算是球王，差距就是前兩者可以協助隊友提升能力，相反後兩者是依靠隊友才能成就大業。葡萄牙雖然在 2016 年奪得歐洲盃，可是球隊表現是在 C 羅受傷退下火線後才更厲害。至於梅西就更不用說了，光是在 2018 年世界盃以隊長身份出戰卻經常垂頭喪氣，沒能鼓勵隊友之餘更率先懷憂喪志，最終令阿根廷一敗塗地，球王會是這個模樣的嗎？

　　當然也有不少人不斷強調「現代足球」比以往更著重防守，所以現在的球員沒能像以往那麼容易進球，可是到底什麼是

「現代足球」呢？我聽了這個名詞十多年也搞不清楚當中的定義是什麼。反而是不少足球教練和外國的專業球評家一直強調足球比賽是保守的遊戲，成功的防守才是贏球的關鍵，這一點由從前到現在根本是沒有分別。在 1986 年出版的《奪標》雜誌中，吳寶華先生已撰文提及義大利在 1982 年以防守足球贏得世界盃，並令防守足球再度抬頭，「再度」的意思明顯是從前的足球比賽也是注重防守。

再者 1990 年世界盃決賽圈是至今每場平均進球數最低的一屆賽事，可是馬拉度納便是在這屆賽事發揮球王本色，十六強戰在己隊防守得宜的基礎上找到一次機會妙傳給 Claudio Caniggia 建功，爆大冷淘汰巴西。雖然馬拉度納的王者之路上充滿污點，但是恐怕連最討厭他的人也無法否認，他肯定是 1980 年代世上球技最好，也是唯一可以一己之力扭轉乾坤的球員。

另一方面，「現代足球」其實反而更容易造就球王的誕生，原因是足球器材比以往大幅進步，球員應該更容易取得好表現。例如現在的足球構造愈來愈輕，也愈來愈容易踢出令對手門將難以捉摸的弧線球，跟以往硬得像石頭，踢起來令人感到疼痛的皮球不可同日而語。而且球鞋也設計得愈來愈輕，每一個相關廣告都強調穿上它之後可以跑得更快，射門力度更強和角度更準繩（除非廣告是騙人吧）。加上目前的運動員訓練和控制

攝取營養方面愈來愈數據化和系統化,這也是田徑運動員可以
屢破紀錄的最關鍵因素,如果是這樣的話,足球員的表現也應
該更好才對。

　　當然整體球員水平也會提升,特別是防守球員可以運用更
佳體能緊迫對手。這一點確實沒錯,不過最關鍵的是國際足聯
近年為了提升進球數和令比賽更好看,所以名正言順地為進攻
球員「搬球門」,將球例改得對進攻球員愈來愈有利。馬拉度
納的全盛時期就是還接受防守球員在對手背後直接攔截,馬拉
度納年輕時便曾被畢爾包的「屠夫」Andoni Goikoetxea 踢斷腳,
貝利也因為不斷被對手惡意踢腳而在 1962 年和 1966 年世界盃
提早因傷退場。另外一些「準球王」比如是 Zico 在 1982 年曾
被義大利球員拉扯得連球衣都破了,裁判卻沒有判罰,荷蘭一
代中鋒 Marco van Basten 也是不斷被對手從後踢傷足踝,三十
出頭便被逼退役。C 羅和梅西要是還在這些足球環境下生存,
還有機會十多年來保持高峰表現嗎?

　　至於高水平比賽場數的增加,也應該成為球技進步的催化
劑。1995 年開始的博斯曼條例和全球一體化,令全世界最好的
球星幾乎都集中在所謂「四大聯賽」,加上歐冠規模擴大,導
致球星之間的較量次數比以往多很多,梅西和 C 羅以往都在西
甲踢球時,試過一個賽季內交手七次。而且連世界盃和歐洲盃

等國際大賽的規模和資格賽場數也比以往多很多，高手不斷過招之下應該有更多進步才對。

那麼為何在諸多有利條件下，「現代足球」反而沒有球王呢？我認為錢和媒體是兩大因素。職業足球在最近 25 年的商業化程度比以往高很多，不少球員在未成年的時候已經獲得巨額合約，半個賽季的薪水已經等如世界上大部分人的大半生薪金，還沒計算成為球星後獲得的巨額代言費用。在心智還沒成熟的年齡卻家財萬貫，當然不會再把心思全放在球技進步上，心智成熟一點的會把錢用作投資和發展副業，更多的卻是用作花天酒地。

媒體因素與金錢其實是相輔相成，「現代足球」的文化是只要少年成名或看到有出眾的足球天賦，就會被媒體冠以「新XX」或「YY 二世」，從以往的一眾「新貝利」及「新馬拉度納」，到近年的「XX 梅西」和「C 羅 X 世」，這一問題只有愈來愈嚴重。而且隨著網路社交平台的急速發展，有些球員比如是 Paul Pogba 等直接把自己當作網紅，隨便把一張私人獨家照片或影片放上網便獲得數以百萬計粉絲讚好，在這種既有無限金錢，球員話語權遠高於教練甚至球隊，而且做什麼也有大量群眾認同的氛圍下，又怎可能誕生願意將足球視作人生進步最主要目標的球王呢？

Sadio Mané——
飲水思源，塞國驕傲

文：華希恩

　　「與其購買 10 輛跑車、20 隻鑽石手錶、兩架私人飛機，不如為國家興建學校。」利物浦球星 Sadio Mané 本賽季賺取 15 萬英鎊周薪，收入豐厚，僅比隊友 Salah 少五萬鎊，但卻被記者捕捉到手機的螢幕粉裂……堂堂一名英超球星，居然還用爛手機！

　　27 歲的 Mané 未婚，但要養起一頭家，不，養起幾頭家才對，家鄉豪宅內住了超過 40 人，有叔叔 Ibrahim Toure、兄弟姐妹、姑姑、堂兄弟和祖父母等。能力愈大、責任愈大，非洲球星獨力撐起整個家族，不是新奇事，Emmanuel Adebayor 與家人反目成仇，Alex Song 瀕臨破產，光鮮背後，有苦說不出。

　　窮人孩子早當家，Mané 性格溫馴，15 歲時卻是叛逆少年，大膽違抗母親「聖旨」，獨自離家追夢。他的家鄉 Sédhiou 距離塞內加爾首都開車需要七小時，並需要穿過甘比亞的邊境，如果由另一國家的機場進入，也需要兩個半小時，沿途都是泥路。

　　不過，當你抵達 Sédhiou，幾乎每間店面都掛起「國家希望」Mané 的海報，便知道沒有去錯地方。這位利物浦球星的豪宅窗戶，懸掛了一張寫上「Nianthio」的橫幅，意為「獅子和勇士」，顯然這是鄉里對他的評價。

　　Mané 小時候喪父，需要在農場幹活，現在，舊宅原址已變成他的豪宅。「每天放學他就在落田，晚上學習《古蘭經》，我們覺得他長大會繼續做農夫耕種。」Ibrahim Toure 說。可是，他不想當農夫，踢得比人快，技術比人好，自小就帶領「村隊」打敗鄰村足球隊。

　　「或許叫作離家出走，他悄悄離開前沒有通知任何人，然後乘車前往首都達卡。媽媽很擔心他，兩個月後我們本來去接他回來，因為覺得他不可能成為職業球員。」Ibrahim Toure 透露半年後全家人打開心扉交談，決定給 Mané 一次機會。

　　Sédhiou 沒有正式足球比賽，小孩在沙地踢球，附近都不夠足球教練，只有首都擁有青訓學院，Mané 最終加入了與梅斯有合作關係的 Generation Foot。然而，踢足球的小孩如恆河沙數，除了塞內加爾，還有甘比亞和幾內亞比索的小孩都來達卡的足球學院，平均每年只有三人有機會去法國，其他都要回家繼續自己的生活。

　　2011 年加入梅斯，他會把下午和晚上的時間花在訓練上，提升水平，而因陣中不乏非洲兵，互相照應，適應比預期更快。當球隊降入第三級別聯賽後，他簽下了五年合約，也差點想拒絕薩爾茨堡紅牛的邀請。「不，他們報價 400 萬歐元轉會費，我們沒有其他選擇。」時任梅斯主席告訴他。

距離 Mané 所在地不遠的地方有一所學校，名叫 Lycee Moderne Bambali，擁有三棟兩層的教學樓，配備現代化教學設備。2018 年，這位紅軍球星花了 20 萬鎊，為學校翻新到今日的模樣，同一時間也花了過百萬鎊興建新醫院，希望改善家鄉的生活。

2018 年歐冠，紅軍打入決賽，他自掏腰包購買 350 件紅軍球衣給同鄉慶祝，順道為球隊打氣加油。每年齋戒月，他會為整條村和附近村莊贈送禮物，每個人可獲得價值 65 鎊的禮物，顯盡大慈善家的風采。事實上，他曾為利物浦的清真寺清潔洗手間，事前沒通知記者，若非被人以手機拍攝和上傳了影片至社交媒體，恐怕一輩子也沒有人知道這件事。

一個人揚名立萬之後，仍然未忘初心，飲水思源，絕對不容易做到。今年，Mané 首度榮膺非洲足球先生，實至名歸，不僅是塞內加爾的驕傲，也是國際足壇的榜樣。

「胸」有成足

文：華希恩

　　年輕時看足球比賽便已聽說過「足球風格」及「足球文化」這些名詞，所謂風格或文化，主要是以各國的踢法區分，如巴西足球稱作「華麗足球」、德國足球的風格是紀律性高、義大利足球的特色是防守至上，蘇聯足球的風格則是「機動化」，還有英國足球就是長傳急攻等，足球世界可說是百花齊放。

　　但是足球近年伴隨經濟變為全球化，上述足球文化和風格差異越來越模糊，光看英超便發現今時今日已很難找到「長傳急攻」的球隊了。不過另一方面，隨著職業足球的全面商業化，竟然也可以從各支球隊的球衣胸前贊助商大概了解到不同國家的足球文化或現況。

多元化的英超

　　筆者就從英超看起，看看有哪些贊助商！如曼聯的汽車業、曼城和兵工廠的航空業、托特勒姆熱刺的保險業、切爾西的電子業等等，其他球隊還有博彩、網購、金融、旅遊以至鍋爐等，真的是各行各業都有，顯得英國是一個開放的國家，而且更有趣的是，2020-21 年賽季的 20 支英超球隊中，竟然有多達八支球隊的胸口贊助商是博彩業，數量差不多接近一半，比 2012-13 年賽季多接近一倍，這也顯得賭博事業在英國是非常蓬勃，其他行業要爭取成為贊助商比以往更困難。

其實並不只賭博業直接牽涉到金錢，本賽季有五支球隊來
自保險業、網購、金融界等的贊助商。超過一半的球隊贊助商，
是直接牽涉到金錢，難怪英超是一個燒錢的聯賽。

德甲實業化

至於一向很「節儉」及富強的德國，德甲贊助商就有如拜
仁慕尼黑的電信業、多特蒙德的網路業、勒沃庫森的保險業、
沃夫斯堡的汽車等等，還有其他球隊的奶製品、保險、超市、
航空、天然氣及建材等，百花齊放的情況較英超還更要多。德
甲的胸口贊助商與英超最大的分別，就是大部分都是實業或製
造業，也可看出德國是一個踏實的國家，德甲也是一個很穩健
的聯賽，與英超的紙醉金迷可說大相逕庭。

經濟低迷的西義

至於近年與英超爭奪「第一聯賽」寶座的西班牙甲級聯賽，
胸前贊助商有巴塞隆納的網購業、皇家馬德里的航空業、瓦倫
西亞的博彩業、比利亞雷亞爾的陶瓷業，還有其他球隊的胸口
贊助商是來自銀行、啤酒及旅遊業等。在足球場上，西班牙確
實是世界頂級球隊，可惜經濟卻曾被形容為歐豬五國之一，這
一方面在胸前贊助商上最明顯的，就是有部分西乙球隊是空白

的，意思就是沒有贊助商，另外博彩業近年大幅占據了西甲球隊的胸口，本賽季就有七支球隊需要博彩業贊助，其中一所博彩公司竟然贊助三支球隊。這一點除了看到西班牙的經濟低迷，除博彩外的其他行業的環境都不好，另外，還顯現出另一個現象，就是收視率被兩大豪門所獨占，其他球隊無論在收視及收益，都難以與兩大豪門所媲美，這便做成了有些中小型球隊一度找不到贊助商。

至於昔日號稱「迷你世界盃」的義大利甲級聯賽，也早已不復當年勇，義甲老牌球隊的贊助商包括尤文圖斯的汽車、AC米蘭和羅馬的航空，國際米蘭的輪胎、拉齊歐的鐵路、佛倫提那的通訊等，其他球隊還有通訊、博彩、家電、通信、保險及銀行業等等。

義大利也是歐豬五國之一，情況與西班牙相似。雖然有不同種類的行業贊助商，不過有趣的是當中有不少是小品牌，似乎大廠商對幾支老牌球隊情有獨鍾，卻因為其他球隊沒有多少吸引力而沒有選擇贊助，這或多或少可以看出義大利經濟的沒落。

生活化的法甲

法國雖然未至於成為「歐豬」，不過近年經濟也不好。球隊的贊助商就有如巴黎聖日耳門的旅遊業、里昂的航空業、馬賽的網購業、聖伊蒂安的保險業等，其他球隊還有清潔公司、食品、慈善機構、建材、眼鏡、回收公司、礦泉水等等。

看到法甲各個贊助商，可以看到法國人的比較生活化，有食品、汽車、徵才、甚至是房屋，這些都是生活化的產品，大部分贊助商的廣告，都是你我都有機會接觸到的，這足以看得到，法國是一個比較適合居住的國家。

進步中的俄超

上面提到過歐豬，接下來看看近年經濟快速增長的金磚國家，當中的俄羅斯是代表之一。俄超的胸前贊助商包括澤尼特的天然氣、莫斯科斯巴達的石油、喀山魯賓的化工、莫斯科中央陸軍的智能系統、格羅茲尼的國家基金會等，其他球隊的贊助商則有博彩、銀行、能源及鐵路等。

這可以看到俄羅斯是一個正在發展中的國家，鐵路、石油、天然氣等正是國家發展的必需品，而且也可以看出俄羅斯的天

然資源豐富,當然發展中的國家,還有很多不足之處,俄超也有球隊還是沒有贊助商的。

東亞兩國差異大

談過歐洲後,看看我們所在的東亞兩國,先來看看日本球隊的贊助商,鹿島鹿角的房屋設計、FC東京的天然氣、柏雷素爾的電器、名古屋鯨魚的汽車等,還有其他球隊如食品、汽車、電訊等等,情況有點像德國,這可以證明日本是一個工業大國。日本球隊的贊助商還有一個很大的特色,就是本賽季 18 支球隊中有三隊是本土汽車品牌,占總額六分一,從而也可以看得出日本實在是一個汽車王國。

最後看看中國,中國超級聯賽的 16 支球隊中,有多達 10 隊贊助商(或背景)是地產商,可以看到中國的地產市道相當暢旺,似乎都只想炒賣。

各位讀者,大家有空時,不妨看看其他各國聯賽的球衣胸口贊助商,是否也能找到該國的特色,這或許會令大家對足球更加入迷呢!原來在足球世界裡,並非只是運動、商業那麼簡單,還能顯示一個國家的特色與文化。

如何定奪歐洲各大聯賽排名

文：華希恩

2019-20 年賽季的歐冠八強賽事中，曼城爆冷以 1:3 不敵里昂出局，令英超在近四屆賽事中第二次沒有球隊能打進四強賽。以英超球隊近年在歐洲賽的盛世來說，這是一個難以預計的結果，而且要追上西甲重拾歐洲第一聯賽寶座的難度愈來愈大。

西甲地位何以難以動搖？

西甲在 2019-20 年賽季的歐冠也是沒有球隊能夠打進四強賽，可是卻在歐洲仍然是當仁不讓的第一聯賽，這當然是有賴皇家馬德里之前完成史無前例的改制後歐冠三連霸，巴塞隆納也是冠軍級球隊之外，塞維利亞將歐足聯盃變為「塞維利亞盃」也是主因。一個聯賽的強弱程度當然不能以個別比賽成績作準，比如是皇馬在上屆歐冠分組賽打和比利時球隊布魯日之後，恐怕也不會有球迷真的認為西甲和比甲是同一個水平吧。

對於怎樣界定哪個聯賽是什麼排名，歐洲足聯在這方面是做得不錯的，他們有一個歐洲系數來評定球隊的強弱及聯賽水準的高低，而且計分方法比國際足聯的世界排名嚴謹，因為所有分數都是以正式比賽來計算，而且不會有如巴西主辦世界盃決賽圈導致少了資格賽作計算，所以，相對上歐洲足聯的系數是比較有參考價值。

歐洲足聯系數分為三種：分別是歐洲足聯會員國的國家隊系數（UEFA National team coefficient）、歐洲足聯會員國聯賽系數（UEFA country coefficient）及歐洲足聯會員國的各支球隊系數（UEFA team coefficient）

國家隊系數並不是本篇的話題，暫不討論，至於聯賽系數主要是應用在歐洲冠軍聯賽盃及歐足聯盃的參賽席位及資格賽的安排，有關的總系數是由最近五個賽季的成績來計算。

有關計算是頗為複雜，我嘗試以簡單的方式與各位讀者分享：

1. 首圈資格賽得分：歐冠出局球隊得 0.5 分、歐足聯盃出局球隊得 0.25 分

2. 第二圈資格賽得分：歐冠出局球隊得 1 分、歐足聯盃出局球隊得 0.5 分

3. 第三圈資格賽得分：歐足聯盃出局球隊得 1 分

4. 資格賽附加賽得分：歐足聯盃出局球隊得 1.5 分

5. 參加分組賽得分：歐冠得 4 分、歐足聯盃得 2 分

6. 分組賽取勝：歐冠和歐足聯盃都得 2 分

7. 分組賽和局：歐冠和歐足聯盃都得 1 分

8. 晉級 16 強賽：歐冠得 5 分

9. 晉級八強賽、四強賽和決賽：歐冠和歐足聯盃均是每次晉級
得 1 分

　　最後將有分數的總和再除以該國聯賽該賽季參加歐冠與
歐足聯盃的球隊總數，即為單賽季聯賽最終系數，小數點後保
留三位有效數字。

西甲水準第一

　　目前歐洲各聯賽系數前十位依次是西甲、英超、義甲、德
甲、法甲、葡超、俄超、比甲、荷甲和奧甲。西甲和英超大幅
拋離其他聯賽，縱然兩個聯賽在上賽季都沒有球隊晉級歐冠四
強賽，可是西甲有塞維利亞第六次奪得歐足聯盃冠軍，令西甲
在上賽季的系數分數比英超還要多，西甲領先優勢擴大。

　　義甲和德甲雖然遠遠落後西甲和英超，也一樣是獲得四個
歐冠分組賽名額。德甲由於有拜仁慕尼黑剛以全勝成績成為歐
冠盟主，所以有望在本賽季結束後超越義甲重返第三位。相反
俄超在上賽季的兩大歐洲球會賽事都沒有球隊能進入淘汰賽，
令他們在上賽季取得的系數分數很低，本賽季又已經有球隊在
歐足聯盃分組賽出局，如果本賽季再沒有球隊取得好成績，恐
怕有機會被比甲和荷甲趕上。

拜仁慕尼黑列全歐之冠

至於球隊的系數方面，同樣也是以近五個賽季來計算，並以單賽季球隊系數的總和，而單賽季球隊系數=0.2乘以該賽季聯賽系數+該賽季球隊在歐冠／歐足聯盃中的得分。

球隊系數主要用於歐冠資格賽、歐冠分組賽、歐足聯盃外圍賽、歐足聯盃分組賽、歐足聯盃 32 強淘汰賽抽籤時對球隊進行分級，比如歐冠分組賽分級抽籤時，球隊系數最高的六支球隊和上屆歐冠和歐足聯盃冠軍球隊定為種子隊，如果上屆兩項盃賽冠軍已是系數最高的六支球隊之一，系數排名第七和第八的球隊依次遞補為種子隊。

而在前 25 位球隊中，英超球隊占了六隊，除了曼城、曼聯和利物浦還有兵工廠、托特勒姆熱刺和切爾西，西甲則有四支球隊悉數在前 10 名內。德甲則有四支球隊，在 10 名以外的還有多特蒙德、萊比錫和勒沃庫森，義甲也有三支球隊，分別是尤文圖斯、羅馬和拿坡里，法甲則只有巴黎和里昂兩支球隊打進前 25 位。

拜仁慕尼黑不僅上賽季以全勝成績奪得歐冠，而且在之前五屆賽事三次打進四強賽，另外兩次最差成績也進入 16 強賽，所以成為目前系數積分最高的球隊。巴塞隆納在上賽季雖然沒能打進四強賽，卻反而超越宿敵皇馬升上球會系數第二位，原

因是他們在最近五個賽季都能至少打進歐冠八強賽，相反皇馬雖然有歐冠三連霸，卻在最近兩個賽季的歐冠 16 強賽出局。

以這系數的結果來看，西甲無疑是歐洲水準最高的聯賽，但若論實力接近而水準也很高的必定是英超，前 25 位中英超球隊占最多數便可知道了。至於義甲則只有尤文圖斯排在前 10 位，緊隨其後的義甲球隊羅馬也已經是排在第 15 位。而且義甲已經有 10 年沒有贏過歐冠或歐足聯盃冠軍，要追上英超的成績恐怕要在未來數年都很努力才行。

四個足球壇隊友變師徒的故事

文：破風

　　法國名將 Thierry Henry 找來曾經在兵工廠時代的隊友
Cesc Febragas 加盟摩納哥，希望這名前隊友能夠為自己執教的
球隊保住下賽季的法甲席位，可惜 Fabregas 還沒建功就已經連
累球隊輸球，也令 Henry 丟了帥位。足球壇其實不乏這樣的故
事，當然結局也沒有 Henry 那麼慘，甚至最終成就奪冠佳話。

1. Roberto Mancini 和 Sinisa Mihajlovic，還有 Juan Sebastian Veron

　　帥氣的義大利國家隊主帥 Roberto Mancini 在球員時代是
桑普多利亞的標誌人物，來自南斯拉夫的 Sinisa Mihajlovic 和
阿根廷的 Juan Sebastian Veron 在 Mancini 職業生涯下半段加盟
桑普多利亞。後來他們三人在拉齊歐重逢。年紀較長的 Mancini
最早退役轉任教練，後來在 2004 年執教國際米蘭時把
Mihajlovic 和 Veron 二人帶到隊中，兩人更成為 2005-06 年獲
得義甲亞軍（後來因尤文圖斯電話門事件獲逮補而升為冠軍），
還有兩次義大利盃冠軍和一次義大利超級盃冠軍。Mihajlovic
在 2006 年退役後更成為 Mancini 的助手，兩人攜手率領國際
米蘭連奪兩次義甲冠軍。

2. Diego Simeone 和 Fernando Torres

　　兩人都是馬德里競技的代表人物，曾經率領馬德里競技奪
得 1995-96 年聯賽和盃賽雙冠軍的 Simeone，在 2003-05 年重

返球隊與剛出道的 Torres 成為隊友。Simeone 退役後在 2011 年回到馬德里競技擔任總教練，成為這支球隊近年能與「西超」兩大豪門抗衡的核心人物。他在 2015 年召回已經日落西山的 Torres，令 Torres 在三年間取得 37 個進球，是「王子」離開利物浦後表現最好的時光，也算是王子職業生涯最後的光輝時刻。

3. Steven Gerrard 和 Jermain Defoe

Steven Gerrard 在本賽季終於首次成為職業球隊總教練，負責擔起蘇格蘭豪門格拉斯哥流浪者的復興重任。他在母會利物浦借用兩名年青球員，也將舊隊友 Jon Flanagan 招入麾下。他在今年 1 月更招來前英格蘭國家隊隊友 Jermain Defoe 到來增加球隊攻力，年屆 36 歲的 Defoe 沒有讓 Gerrard 失望，在首戰只花了 12 分鐘就取得進球。雖然和塞爾提克仍然有積分差距，不過 Defoe 的到來肯定能幫助 Gerrard 取得成功。

4. Frank Lampard 和 Ashley Cole

說起 Gerrard 就難免要提及一下他的前國家隊隊友 Frank Lampard，這名前切爾西中場大將本賽季也跟 Gerrard 一樣成為職業球隊總教練，他也是先從老東家切爾西借來一些年輕球員為他打江山，目前他率領德比郡爭取在下賽季升上英超。Lampard 也跟 Gerrard 一樣在今年 1 月招來舊隊友 Ashley Cole 加盟，這名 38 歲左後衛雖然已經今非昔比，不過能夠事隔十

年再與 Lampard 一起打江山，縱然效果如何尚未知道，不過總算是足球壇另一佳話。

世界盃獎金的「鐘擺定理」

文：破風

　　如果我們把「鐘擺定理」放諸管理學上，意思就是公司的領導層應該在員工需求最強烈的時候，給予滿足，員工受到的刺激也會最大，對企業的奉獻也會最大的。奈何，現今的國際大賽氣氛，鐘擺似乎搖向一個極端⋯⋯

　　2018 年的俄羅斯世界盃連場爆冷，假球之說不絕於耳，我們試嘗從另一角度推敲推敲。俄羅斯世界盃的總獎金達到驚人的四億美元，差不多是 2010 年的兩倍，冠軍可獲得 3,800 萬美元，比四年前微升 300 萬美元。亞軍可獲 2,800 萬美元，季軍則有 2,400 萬美元，八強有 1,600 萬美元，就算在小組賽出局，也有 800 萬美元。

　　重賞之下，必有勇夫，問題的是國際足聯的獎金究竟是否屬於重賞呢？首先，世界盃的獎金理論上只會分發給各國足協，足協賽前已跟球員定好具體獎金數字。因此賽後會否相應提高獎金已是後話。我們用簡單的數學計算一下，就算一支球隊贏得世界盃冠軍，23 人攤平所有獎金，實際上每人大約可得 165 萬美元。

　　然而，2014 年冠軍的德國雖然最終獲加碼，但只是拿出了 1,000 萬美元左右，足協收取了 2,500 萬美元（住宿費、交通費、伙食費、保安費等超過 500 萬美元）。做人不該太勢利，我們經常說四年一度的世界盃關乎國家榮譽、職業成就和人民期望，金錢所佔的比重未必很重，但事實又是如此嗎？

　　足球王國巴西是 2018 年世界盃出手最闊綽的勁旅，冠軍獎金每人可獲 100 萬美元，英格蘭或許知道國腳們早已腰纏萬貫，每人獎金區區 30 萬美元，難怪全隊在小組賽出線後已答應，無論如何也會把全數獎金捐給慈善機構，做善事、立名聲。看看 23 人名單，英格蘭國腳合共 10 人的周薪達到六位數字的英鎊，最高薪是隊長 Harry Kane，續約後已達 20 萬英鎊，最低薪的球員之中，Marcus Rashford 和 Trent Alexander-Arnold 分別也有五萬英鎊和四萬英鎊。

　　換句話說，Rashford 和 Arnold 在球會一個月分別可從曼聯和利物浦賺取 20 萬英鎊和 16 萬英鎊，顯見所謂的「世界盃冠軍獎金」，對一線球星而言是聊勝於無。毫無疑問，國際大賽的獎金已遠遠追不上足壇的「通貨膨脹」，世界盃冠軍獎金只是比八年前上升了兩倍，但五大聯賽的薪金升幅，八年來肯定遠遠超過兩倍。

　　直到今天，很多球星依然願意為國家榮譽而戰，梅西若非背起了國家的擔子，恐怕不會重返國際賽舞台，烏拉圭雙煞 Luis Suárez 和 Edinson Cavani 完全不怕受傷，奮力而戰，同樣令人敬佩。可是，很多球星在聯賽和國際賽表現判若兩人，同樣是不爭的事實，這一點是無可否認。《Soccernomics》作者 Stefan Szymanski 直言：「國際賽的經濟誘因，對球星來說每況愈下。」

　　曾幾何時洲際大賽是球員嫁入豪門的跳板，但時移世易，隨著資訊愈來愈發達，這種功能已經有所「變味」，世界盃後球星大遷徙的狀況已不復見。反而，一線勁旅會爭取在決賽圈前與意中人簽約，避免比賽之後水漲船高。多少球星是藉世界盃的神勇，獲得傳統豪門的青睞，我們心知肚明，上屆的代表人物恐怕只有哥倫比亞的 James Rodriguez。

　　不得不提的是，上樑不正下樑歪，各國足協的貪腐問題仍然嚴峻，非洲、南美洲和部份亞洲國家更是「黑點」，上屆的迦納球員就在比賽前要求收到「前期」獎金才會上陣。2018 年的奈及利亞也在決賽圈前，與足協達成獎金共識，收到全數獎金才出發到俄羅斯，反映雙方的互信程度嚴重不足，你叫球員如何獲得歸屬感，愛國心該往何處放？

　　國際足聯每隔四年賺一次大錢，2006 年世界盃盈利達到七億美元，2018 年世界盃估計從廣告、轉播、門票等收入方面可得到 60 億美元，相信純利潤超過 10 億絕無問題。2010 年，Jose Mourinho 已言之鑿鑿表示：「現在歐冠的競技水平已超過世界盃。」雖不中，亦不遠矣，他的意見也不是小眾的意見，難怪歐洲足聯和國際足協才會千方百計，希望成立全新賽事（如歐洲國家聯賽）以搶回主動權。

　　除了 1978 年的克魯伊夫之外，上世紀九十年代或之前，基本上沒有球星會拒絕國家隊，君不見現代球星愈來愈早退出

國際賽，足以顯示國家隊比賽在球星心目中的地位，跟從前不再一樣。鐘擺傾向一個極端，我們只能等待它擺到盡頭，最終會擺回來。

在可見將來，我們難以預見歐洲足協或國際足協的賽事，有力跟歐洲主流聯賽或歐冠等賽事相提並論，互相輝映。如果你是 20 歲出頭的球迷，只能感嘆生不逢時——國際賽最好的時代已經過去，幸好，最壞的時代仍未來臨。但願不會是下一屆世界盃出現。

（原文寫於 2018 年中）

與前輩比進球多

文：破風

　　不少球迷認為，在不同時代進行的足球比賽之間是難以比較，不過有趣的是當 C 羅納度或梅西又打破前人的進球紀錄時，又會有人大書一筆。其實，打破紀錄不就是現代的人挑戰前人成功的結果嗎？那就是相互比較了。既然如此，筆者嘗試用客觀角度比較一下「現代足球」與以往的足球比賽到底有何分別。

現代足球才注重防守？

　　筆者將以足球最基本的建立元素「進球」作比較指標，看一下是現在還是從前比較容易進球。

　　首先說一下大部分球隊的踢法，不少人以為 1960-70 年代的足球是進攻足球至上，防守足球是近年才流行，所以從前在防守沒那麼嚴密之下進球較容易。這是一個很大的謬誤，筆者從小已透過電視球評家聽過什麼「9-0-1」戰術，顧名思義便是死守，所以防守足球是數十年前已經出現，並非什麼新玩意。這一點其實並不難懂，因為當己方實力不及對手，要贏的話當然是先保持不失球，然後才找機會反擊。

　　在 1983 年 11 月出版的《精工體育 82》特刊中的文章《馮志明細說南華的轉變》便提到，「（當時的南華總教練）黃文偉了解到南華本屆人腳的特性，只適宜打穩守突擊戰術而絕少

採取主動搶攻和壓著對手來踢的球隊。」在這篇接近四十年前的文章已清楚告訴大家，穩守突擊戰術已經流行多年，再推前一點來說，義大利足球的瑰寶「十字聯防」便是上世紀中葉已經出現的產物，並依靠這套戰術成為世界足球強隊。

　　曾看過 1990 年世界盃決賽圈比賽的朋友應該還記得，當年大部分球隊都採取消極的防守踢法，導致該屆賽事仍然成為至今每場比賽進球率最低的一屆決賽圈賽事，也被球評家公認是其中一屆最沉悶的世界盃。就算是擁有「球王」馬拉度納的阿根廷，也是只以防守足球取勝，從分組賽死守到進入決賽。

改規則以增加進球

　　因為大家都在踢防守足球，所以國際足聯為了提升進球數量令比賽更吸引，所以在 1994 年的美國世界盃決賽圈作出多項變革，例如在分組賽贏球的球隊從可以獲得 2 分變為 3 分（效法英格蘭聯賽），平局則保持雙方各得 1 分，令一支球隊打和三場比賽才等如贏一場球，鼓勵所有球隊努力爭勝，由於效果理想，所以在 1994 年世界盃決賽圈後，全世界的聯賽也推行「3 分制」。

　　當年的另一個重大變革，是不准守門員用手觸摸己方球員用腳回傳的球，否則判給對方一個禁區內間接自由球。以往防

守球員會不斷用腳把皮球回傳給守門員，由於守門員用手接住皮球後，對方便無計可設，所以把比賽節奏近乎完全靜止，令比賽變得沉悶。在 1994 年世界盃把相關足球規則修改後，守門員再不能經常用手拖延時間，令比賽的節奏加快。

足球規則的修改有助增加入球

我們可以再比較一下其他規則，今天的足球規則比以往更保護進攻球員，也有利進攻球員爭取進球。以往有一個叫「職業犯規」的名詞，意思是後衛無法從正面攔住對手時，就不惜犯規也要阻止對手盤球前進。而這些「職業犯規」在足球規則上是默許的，就算是把對手踢到重傷，特別是從對手背部踢中足踝也可能連黃牌都不用領，除非是被裁判認定是蓄意傷人。

不過就在貝利於 1960 年代的世界盃決賽圈被對手踢至提早退賽，馬拉度納被「畢爾包屠夫」Andoni Goicochea 踢斷腳，荷蘭前鋒 Marco van Basten 多次被對手從後踢傷足踝導致提早退役等多個案例出現後，國際足聯終於後知後覺的修改足球規則，以保障進攻球員。現在的防守球員只要在己方後半場的危險地帶輕微碰一下對手，而裁判又沒看漏眼的話就肯定被判犯規，甚至有機會因此獲黃牌。至於從後攔截或犯規阻止單刀攻門就肯定要吃紅牌離場，反而是現代足球的防守比以往困難很多。

平排也有越位

　　另一個有利於進攻的足球規則轉變，是越位界定方式的改變。改變時間也是 1994 年世界盃決賽圈，在此之前進攻球員與對方第二位防守球員平排也算作越位，不過修例後平排也不算越位，另外如果處於越位位置上的球員沒有「影響球賽」，比如是己隊射門時站在大老遠的邊線位置也不算越位，這些改變令現在的進攻球員越位機會大幅減低，進球機會自然增加。

裝備更精良

　　再來比較一下現在和以往的裝備有什麼不同。先看足球最基本的裝備「足球」吧，今天的足球越來越輕，換句話說就是越來越好踢，所謂「好踢」就是進球更容易。筆者雖然不是職業足球員，但也有數十年踢球經驗，小時候踢的中國生產「火車頭」品牌足球構造是很硬的，下雨天的時候便重得像保齡球一樣。職業足球的用球當然不會是「火車頭」，不過也肯定沒有現在的皮球那麼好踢，筆者也踢過現在的皮球，球感的確是越來越好，皮料也越來越漂亮、球速越來越快，總而言之是踢得真舒服。

　　球鞋也跟皮球一樣質料愈來愈好，在電視上播放的足球用品廣告都是以球員穿上後跑得更快和射門技術更好。雖然廣告

內容難免誇大其詞，不過某程度上也反映球鞋素質好的事實。老前輩曾說過 1960 年代時是不可能隨便進體育用品店便買到球鞋，球鞋是要訂造的，訂造時更特別吩咐加厚鞋尖，據說是為了增加踢球力度有助大腳解圍，不過是否還因為是要增加踢其他東西的力度或其他用途就不得而知了！

科技不斷進步

最後一點要跟大家比較一下科技進步的影響，不用筆者多說也知道今天的科技肯定比以往先進，令足球也充滿科技元素。最直接的科技使用便是近年採用的門線技術和 VAR 視像協助裁判執法。以往的比賽只依靠裁判的眼睛和腦袋作出即時判斷，導致不少已進了的球卻因為裁判看漏眼而判為進球無效。雖然相關技術採用後，與裁判相關的低級裁決失誤仍然時有發生，不過確實減少應進了的球變為不進的情況。

接著科技協助球隊以更有系統的訓練、營養調理和復原方式，調教出身體質素長期保持最佳狀態的球員，令球員在場上發揮得更加好。另外由於飛機速度愈來愈快，航空交流愈來愈方便，所以各項比賽的規模也愈來愈大，增加比賽場數之下令高水平球員有更多交流的機會，從而獲得更多進步。

　　所以足球比賽在以上各種改變之下，進攻球員要爭取進球愈來愈容易，打破記錄也自然更容易了！

足壇上的忠臣

「足球如人生」是筆者經常提及的話，因為在足球場總看到人生縮影，也因此學到不少做人道理。在職場上能夠只在同一所公司做到退休，在現代社會文化是愈來愈困難，在足球場上也一樣，能夠在整個球員生涯只效力一支球隊，或是與球隊甘苦與共的球員愈來愈少，上述球員可稱為足壇上的「忠臣」。

終身不轉會

在職場上能夠當忠臣的人，大部分都為大公司打工，因為大公司薪水高、福利好、還有晉升機會。的確有不少人只要能任職大公司，有可能是一輩子只在一間公司工作。筆者剛好有一名從小一起長大的朋友，他在中學後便為大公司打工。當年只是任職最低級員工的他，現在已是高層了，數十年來從沒有轉過工，這正如是典型「忠臣」。

足壇上又有多少人是忠臣呢？在現今商業化的足球世界，已經很少人能夠做到，但總有例外的，比如是曼聯的 Ryan Giggs。Giggs 於 1987 年加入曼聯青年軍，一直踢到 2014 年退役，期間並沒有離開過曼聯，而且除了最後一個賽季淡出甚至兼任看守領隊之外，其餘 23 個賽季都有進球。Giggs 在曼聯取得所有能夠拿下的冠軍，英超、足總盃、聯賽盃、歐冠、俱樂部世界盃無一落空，雖然只效力過一支球隊，但獎項之多已經是大部分球員一輩子拿不到。

Giggs 的前隊友 Paul Scholes 的情況也一樣，Scholes 於 1991 年加盟曼聯，於 1994-95 年賽季開始代表曼聯一隊上場，他在每個賽季都能進球，也獲得各項錦標，因此是曼聯另一名著名「忠臣」。

忠臣也要有實力

除了 Giggs 和 Scholes，近年還有另一位球星是知名忠臣的，他就是 AC 米蘭前隊長 Paolo Maldini，他承繼了父親 Cesare Maldini 的衣缽，在 1984-85 年賽季開始為 AC 米蘭上場，及至 2009 年退役時都一直穿著紅黑球衣上場，上場次數超過 900 次，並取得七次義甲冠軍和五次歐冠錦標，也是贏盡所有可以拿到的球會級別錦標，可謂「人生若此，夫復何求」。另外巴塞隆納的 Carles Puyol 和羅馬的 Francesco Totti，雖然前者球星風範稍有不及，後者獲得的榮譽並不算多，可是還是能從一而終，在兒時便開始效力的球隊成為「One Club Man」。

既能長期效力一支球隊，又可以贏得冠軍，雖然例子不多可是還是可能，當然除了要夠忠心，能力也是重要因素。能夠長期在一支豪門球隊效力，首先必定要球技出眾，實力不夠出眾的球員在豪門很難立足，特別是現在的足球世界豪門球隊中，只要體能速率稍為追不上，無論以往立過多少汗馬功勞也只能收到逐客令，利物浦的 Steven Gerrard、巴塞隆納的 Xavi 和皇

家馬德里的 Raul Gonzalez 也是在走下坡的時候無奈要離開從兒時便開始效力的球隊。

　　一名球員能在整個職業生涯都只為一支豪門球隊踢球確實難得，不過如果能夠為一支實力平平的球隊效忠就更難得，南安普頓名宿 Matthew Le Tissier 便是佼佼者，也是筆者認為最配得「忠臣」稱號的球員。

Le Tissier 是稀有品種

　　Matthew Le Tissier 從 1986 年出道直到 2002 年退役，那些年來一直都在南安普頓踢球。他願意將整個職業生涯奉獻予南安普頓，他的腳下功夫十分出色，射術精湛，更是十分厲害的罰球和十二碼專家，故此是球隊的核心，為球隊共取得 210 個進球，包括 1993-94 年賽季獨取 25 球。但他與上述多名球星不同，不僅從沒有拿過冠軍，也沒有參與歐洲賽的機會，而且每個賽季都為球隊保級而努力，在他效力期間的南安普頓只有一次能以聯賽前 10 名完成賽季，也因為他不是豪門球隊球員，因此減少了他為英格蘭國家隊踢球的機會。他每年都收到不少豪門的邀請，但都斷言拒絕，並表示忠心於球隊。雖然效力弱旅，不過 Matthew Le Tissier 總是取得精彩的進球，並且每個賽季都協助南安普頓保級成功。

在現今的現實世界，球員們著眼於名利和榮譽，薄有名氣的年輕球員都只想轉投能夠給予最高薪金或能夠最容易贏取最多錦標的球隊，就算本身已經效力頂級球隊的球員，也只想去更頂級和更有錢的球隊，縱然已過高峰也想在退役前（以體驗異文化或接受新挑戰為名）獲得中東、東亞或美國球隊的巨額合約，所以現在恐怕再難出現像 Matthew Le Tissier 這樣的稀有品種了。我不會反對球星們為名利和榮譽而蟬過別枝，正如現實世界一樣，誰不想在一家薪酬高福利好的大公司工作呢？只不過這些球員愈來愈多，便更突顯 Le Tissier 的難能可貴。

你想當忠臣嗎？

在現今足壇要產生忠臣越來越難，要立足豪門固然困難，球隊可能會因你的表現稍差，便會把你放棄。在實力一般的球隊當忠臣更是難上加難，因為除了本身要有一定實力，更要球隊整體不至太差，否則球隊降級的話，稍有能力的隊友必定出走，賺到的薪金和獎金也大減。在金錢和榮譽的引誘下，球技出眾的球星很難不選擇離開。球星為了轉會而與球隊鬧翻的新聞，近年不是愈來愈多嗎？

你會願意為一家公司工作一輩子嗎？

尤文巴薩交換球員，
是甚麼葫蘆賣甚麼藥

文：破風

　　當全球經濟被武漢肺炎弄得體無完膚，專家們都預期夏天轉會窗，轉會費將會大縮水，但巴薩和尤文卻出奇不意地完成了大交易，讓 Arthur Melo 和 Miralem Pjanic 互換東家。

　　意甲冠軍尤文斥資 7,200 萬歐元，收購巴西中場 Arthur，但當中 6,000 萬歐元將以 Pjanic 代替，意味著 Pjanic 加盟皇馬的兒時夢想粉碎，下賽季將成為巴薩人。一個是仍未證明到自己的潛力股，卻在今日身價大跌的足壇賣到好價錢；一個是證明了自己的績優股，卻淪為被交換的籌碼。很多球迷對這起轉會感到大惑不解？

　　Arthur 自 2018 年加盟巴薩後，上陣比例不足 50%，經常受傷，又不是巴西國家隊常規主力，奇怪會被尤文相中，哪怕他的外號叫「新哈維」。不過，巴薩教練其實不想他離隊，最近一次民意調查顯示，球迷也不想他離隊，但是球隊在新冠疫情下入不敷出，需要龐大收入平衡賬目，所以要把他賣走。

　　不過，價值 7,200 萬歐元又是匪夷所思。顯而易見，巴薩和尤文明知球員身價在目前環境下會貶值，故此利用「財技」托市，就如其他公開買賣的資產一樣。如果 23 歲的 Arthur 日後表現值回身價，將來便可賣得比 7,200 萬歐元更高的轉會費，同樣地，巴薩將來也有機會在 Pjanic 身上圖利，但兩支球隊的實際現金交易，就只有 1,200 萬歐元而已。

　　巴薩高層說過，夏天要在轉會市場獲得超過 1.2 億收入，才能平衡財政狀況，滿足歐洲足聯的公平競技規則，現在獲得 7,200 萬歐元，數字上只需要再多 6,000 萬歐元便足夠。當然，如果 Pjanic 合用的話，巴薩又用了一筆現金，也算是一石二鳥，但要留意是，這個新援已經 30 歲，對本來已經老化的陣容來說，更是百上加斤。

　　自 2014 年簽下三大成功收購 Luis Suarez、Ivan Rakitic 和 Marc-Andre ter Stegen 之後，巴薩的敗筆多不勝數，Arda Turan、Andre Gomes、Paco Alcácer、Denis Suárez、Yerry Mina、Gerard Deulofeu、Ousmane Dembele、Philippe Coutinho、Kevin-Prince Boateng、Malcom 等，不敢說 Antoine Griezmann 和 Frenkie De Jong 也錯買了，但機會很大。

　　他們在轉會市場上藥石亂投，埋下了深遠的禍根，現在，梅西已經 33 歲，與搭檔 Suarez 年紀一樣，將來要怎樣重建呢？無人看到巴薩有重建的構想，也無人知道梅西還會踢多久。

苦苦等待 16 年，
白玫瑰再綻放

文：破風

　　歲月能夠偷取過去，但奪不走我們的現在。里茲聯是前英超時代的末代英格蘭聯賽冠軍，也曾經是英超一匹黑馬，可惜過度擴張，理財不善，到了 2003-04 年賽季陷入財政危機，由歐冠四強墮落深淵，一度跌至第三級別聯賽，經歷了長達 16 年的試煉，這朵「白玫瑰」終於再次綻放，下賽季重返英超賽場，幕後真要多得一個人……

　　阿根廷「瘋子」Marcelo Bielsa 是 Mauricio Pochettino、Diego Simeone 和 Pep Guardiola 的恩師，兩年前的 6 月 15 日接掌徘徊英冠八年的里茲聯，此舉轟動國際足壇。面試當日，年過花甲的 Bielsa 被高層測試，到底長居南美的他，有多了解英冠聯賽。

　　出奇不意的是，阿根廷人從筆記中搜尋出龐大資料，先是詳細分析賽季初對手伯頓和博爾頓的長處和短處，然後逐隊介紹英冠球隊的戰術，甚至能夠羅列出每隊使用了多少次 4-3-3，4-4-2、3-5-2 陣式，在場人士無不驚嘆，面面相覷，促使主席 Andrea Radrizzani 馬上簽下他。Bielsa 獲得英冠最高年薪 600 萬英鎊，也是隊史最高薪的總教練，現在回看當然物超所值。

　　Bielsa 對細節的執著，遠超凡夫俗子的想像，例子多不枚舉。當他看到球隊基地的停車場超出負荷，部分車輛要停在外面時，馬上要求擴建停車場，「避免將來帶來工作以外的壓力」；訓練基地被翻新過數次後，他仍堅持設立現代化的複合式跑道，

並恢復前任主席廢棄已久的恒溫泳池；他對飲食習慣和球員體重的控制，異常苛刻，除了不能用披薩當晚餐之外，每名球員都有獨自的飲食餐單，也需要記錄每日三餐情況。

自 Bielsa 入主之後，里茲聯的訓練基地便起了翻天覆地的變化，球員來踢球時是屬於「工作」（雖然未必每個人都同意），故此上午八時便要抵達，晚上七時才能結束，中途只有午餐時間容許離開、休息，或到新宿舍午睡，無疑對於身心都是一大考驗。匪夷所思的是，他觀察到訓練基地大樓的休息室內，電燈偏離了「中心位置」，馬上命人換了一套。最後，這位工作狂就在辦公室內擺放了一張床，以便 24x7 地工作，長期觀看比賽錄影和布置戰術。

如果有個像 Bielsa 一樣的上司，恐怕打工仔大都雞飛狗走，但球場是追夢的地方，要推動衣食無憂的球星向前，就要用極致的手段。首個賽季，Bielsa 率領里茲聯一帆風順，11 月下旬開啟了一波七連勝，半程結束時罕見地高踞首位，而且這些主力也是前一個賽季聯賽第 13 位班底，球迷燃起了升級的希望。

暴風雨的前夕，總是風平浪靜。2019 年 1 月爆出「間諜門」，德比郡警方接到報告，指有可疑人士在訓練場周圍遊蕩，之後，阿根廷老人親自致電時任總教練 Frank Lampard，承認是其「一手策劃」。德比郡獲悉後當然不會罷休，馬上向 EFL 提出申訴，英國媒體則用「不道德行為」形容事件。

　　勇者無懼，Bielsa 召開了長達 66 分鐘的發布會，徹底反擊，展示了對德比郡及其他球隊的大量片段，包括使用陣式、自由球戰術等，並謂：「有時候，觀察對手不是很有用，但能讓我減輕焦慮，我本身沒有惡意，也沒試圖獲得不公平的優勢。」所有英冠隊都想升級，里茲聯當時也是，自然招人妒嫉，共有 11 隊加入聲討行列，賽季末球隊被罰款 20 萬英鎊，並且禁止任何球隊在賽前 72 小時進入敵人基地刺探軍情。

　　里茲聯球迷不在乎輿論壓力，利用歌聲聲援總教練，高唱「We're Leeds United, we'll spy where we want」，但這場風波卻嚴重打擊了球隊的高昂士氣。當然，這不是首個賽季觸礁的唯一原因。賽季備戰階段，Bielsa 想購買攻擊手，目標逐一遠去，Florian Jozefzoon 更被德比郡奪去；1 月分，球隊原本簽下 Daniel James，甚至印了 21 號球衣，惟斯旺西似乎暗地裡接受曼聯報價，寧願等到夏天才放人。

　　另一爭議點是里茲聯不喜歡改變正選，球員到了賽季末便疲於奔命，主場對維岡，早早多打一人多進一球，卻反勝為敗，落到第三參與附加賽。仇人見面，分外眼紅，Bielsa 的對手又是 Lampard，首回合作客小勝 1:0，全身而退，完成「三殺」。次回合回到主場，全場爆滿，上半場更首開紀錄，以為半隻腳踏進了決賽大門。好景不常，德比郡突然改用了無章法的四前

鋒，使里茲聯不知所措，劇情峰迴路轉，最後負 2:4，總比數以 3:4 出局。

人們以為里茲聯會在賽季後更換總教練，但附加賽結束後不足 24 小時，Bielsa 已經開始洽談續約，暑假僅在祖家停留四天，便回到英國準備新賽季。本賽季，球隊差一點就重演「虎頭蛇尾」的劇本，但隊長 Liam Cooper 代表全隊發言：「在總教練來之前，我們接受平庸，但現在我們不想打回原形。」最終，里茲聯也不用踢附加賽，便取得直接升回英超的資格。

目前為止，里茲聯老闆 Radrizzani 看來是個有心人，2017 年入主後大刀闊斧改革，深得人心，比方說，買回了先前被要求自立門戶的女子隊、回購主場館擁有權、重建了前主席留下的雜牌青年軍。同時，他成功向里茲市議會出售「基建計劃」，預計花費 2,500 萬英鎊興建全新訓練基地，並以英超豪門的設施作為參考標準，鼓舞人心。當然，重中之重，那肯定是他在兩年前的夏季，委任了 Bielsa 成為「白玫瑰」的總教練。

國家圖書館出版品預行編目資料

知足常樂／傑拉德、李維、華希恩、破風　合著.—初版.—
　臺中市：天空數位圖書　2020.10
　面：公分
　ISBN：978-957-9119-98-6（平裝）

528.95107　　　　　　　　　　　　　　　109017254

發　行　人：蔡秀美
出　版　者：天空數位圖書有限公司
作　　　者：傑拉德、李維、華希恩、破風
編　　　審：亦臻有限公司
製 作 公 司：森林有限公司
出 品 公 司：傑拉德有限公司
版 面 編 輯：採編組
美 工 設 計：設計組
出 版 日 期：2020 年 10 月（初版）
銀 行 名 稱：合作金庫銀行南台中分行
銀 行 帳 戶：天空數位圖書有限公司
銀 行 帳 號：006-1070717811498
郵 政 帳 戶：天空數位圖書有限公司
劃 撥 帳 號：22670142
定　　　價：新台幣 300 元整
電子書發明專利第　I　306564　號

紙本書編輯印刷：
電子書編輯製作：
天空數位圖書公司　E-mail：familysky@familysky.com.tw　http://www.familysky.com.tw/
地址：40255台中市南區忠明南路787號30F國王大樓　Tel：04-22623893　Fax：04-22623863